WELCHES ONLINE-BUSINESS
PASST ZU D…
MODELL…
VE…

Inkl. erprobten 2 Min. Onlin… …und individuellem Feedback
direkt vom Experten

STEFAN MÜLLER

9to5
AUSSTEIGER

Inhalt

Danksagung

Für meine Frau, die mich bei jeder noch so absurden Idee unterstützt. Danke, dass es dich gibt!

2021 im Selbstverlag erschienen
Stefan Müller
Graeffstr. 22
50823 Köln
Tel.: 0221/5702984
E-Mail: info@9to5-aussteiger.de
Die Taschenbuch Version wird gedruckt von
Amazon Media EU S.á r.l
5 Rue Plaetis
L-2338
Luxembourg

Biografische Informationen der Deutschen Nationalbibliothek. Die Deutsche Nationalbibliothek verzeichnet diese Publikation in der Deutschen Nationalbibliografie. Detaillierte bibliografische Daten sind im Internet über https://dnb.d-nb.de abrufbar.

Einführung

Das wäre schon eine großartige Sache über das Internet Geld zu verdienen, oder?

Mehr Zeit für sich und die Familie zu haben. Nicht um die Freigabe des Urlaubs zu betteln oder auf die nächste Gehaltserhöhung zu hoffen. Einfach in den Tag hineinleben, mit Zuversicht die Zukunft planen und im Hintergrund fließt das Geld unbemerkt auf das Konto.

- Gehen dir die Kollegen und die cholerische Führungskraft auf die Nerven? Kein Problem, du brauchst den Job doch eigentlich gar nicht mehr!
- Nehmen trüber Alltag und immer gleicher Trott überhand? Das muss nicht sein. Pack einfach die Familie ein und ziehe 3 Monate nach Portugal. Oder wohin du schon immer ziehen wolltest.

Im Internet gibt es viele Beispiele von Menschen, die scheinbar genau das geschafft haben. Echte Heldengeschichten, die den Werdegang vom Tellerwäscher zum digitalen Nomaden ohne finanzielle Probleme beschreiben. Tausendsassas, die um die Welt reisen und ein Leben führen, welches der überwiegende Teil der arbeitenden Bevölkerung nur aus Broschüren im Reisebüro kennt.

Wer dann beginnt sich damit zu beschäftigen, stolpert über den Begriff „Online-Business“ und stürzt darüber Hals über Kopf in den sprichwörtlichen Kaninchenbau. Plötzlich gibt es da eine neue, aber unerwartet komplexe, verwirrende, unübersichtliche und kontraintuitive[1] Welt. Eine Welt, die immer wieder vorgibt, wie einfach es ist, erfolgreich zu sein. In der aber doch der Hauptteil ihrer Bewohner krachend scheitert!

Das wissen auch findige Online-Unternehmer. Sie stehen direkt am Eingang des Kaninchenbaues mit Plakaten und Megafon bewaffnet. Wie geplagte Studenten in der Fußgängerzone verteilen sie Flyer mit Anleitungen. Anleitungen, die den schnellen Reichtum, Selbstverwirklichung und komplette Unabhängigkeit versprechen. Wie praktisch, denkt sich so mancher!

Diese Anleitungen werden auch Online-Business Modelle genannt. Es sind Vorlagen, Templates, wie Geld im Internet verdient wird. Doch nicht jedes dieser Strickmuster passt auf jeden Menschen und genau bei dieser Tatsache kommt dieses E-Book ins Spiel.

Dieses Buch funktioniert in einfachen 3 Schritten:

- In Schritt 1 stelle ich alle bekannten Online-Business Modelle vor, ordne sie ein und mache einen kurzen Quick-Check mit 7 Fragen. Das hilft eine Vergleichbarkeit herzustellen, die es so bislang noch nie gab. Dieser Guide kann in knackigen 60 Minuten durchgelesen werden; schließlich haben wir alle nicht viel Zeit.
- In Schritt 2 habe ich einen kurzen Online-Test für dich erstellt. Ich habe ihn schon mit über 100 Menschen erprobt und er hilft herauszufinden, welches Online-Business Modell zu deiner

Persönlichkeit passt. Die Test Dauer beträgt lediglich 2 Minuten.
- In Schritt 3 werten mein Team und ich deinen Online-Test aus und geben dir in einem kostenlosen persönlichen 60 Min. Gespräch unsere professionelle Expertenmeinung.

Warum mache ich das?

Mein Ziel ist, dass jeder Mensch sein Leben in vollen Zügen genießt und bis zur letzten Sekunde auskostet. Wir haben schließlich nur das Eine. Meiner Meinung nach eignen sich digitale Geschäftsmodelle hervorragend diese Vision zu unterstützen. Deswegen entwerfe ich Einzelunternehmen, die solche Modelle nutzen und nur einem einzigen Zweck dienen: Sie sollen den zukünftigen, gewünschten Lifestyle ihrer Besitzer ermöglichen und beflügeln.

Dieses Buch hilft dir einen Überblick zu gewinnen, den es sonst im Internet einfach nicht gibt. Es hilft dir selbst ein Bild davon zu machen, was es heißt ein Online-Business aufzubauen. Du erfährst, welches Online-Business Modell perfekt zu deiner Persönlichkeit passt und wie du es auf dem schnellsten Weg umsetzt. Und das mit nur 60 Minuten deiner wertvollen Zeit.

Das Online-Business und seine Modelle

Was ist ein Online-Business? Und was ist ein Online-Business Modell?

Mir ist es immer wichtig, diese Begriffe vorher zu klären, damit wir einfach dasselbe darunter verstehen. Ein Online-Business ist eine Selbstständigkeit, ein (Einzel-)Unternehmen, welches seine Prozesse hauptsächlich digital abbildet. Das klingt zunächst akademisch, ist aber gar nicht so wild. Im Online-Business regeln wir unsere Aufgaben hauptsächlich über das Internet.

Ein Unternehmen zu betreiben, welches an einem weltumspannenden Netzwerk angeschlossen ist, bringt gewisse Vorteile mit sich. So wird gerade von hippen Mittzwanzigern die örtliche Unabhängigkeit geschätzt. Es ist egal, ob der Laptop in Mexiko, Madrid oder Mannheim steht. Gearbeitet wird dort, wo der (Daten-)Strom fließt.

Ein Online-Business Modell dagegen ist eine Art Vorlage, ein Template. Ein Strickmuster, wie im Internet Geld verdient wird. Es definiert Geschäftszweck, Arbeits- und Kommunikationsform mit unseren potenziellen Kunden.

Diese Modelle sind dabei nicht neu oder gar geheim. Auch

wenn einem das die Werbung auf Facebook und YouTube oft erzählt.

Im Gegenteil, manche von ihnen sind bereits steinalt und haben sich tausendfach bewährt. Andere sind noch jung, haben aber dennoch bereits ihren Wert unter Beweis gestellt.

Skepsis empfiehlt sich, wenn einem jemand weismachen will, dass es nur ein "funktionierendes" Modell gibt (Nämlich das des Werbetreibenden). Dass es keinerlei Nachteile oder Schwierigkeit bei dessen Umsetzung gibt oder dass eines bzw. mehrere Online-Business Modelle aus irgendwelchen Gründen über Nacht zum Erfolg führen.

Natürlich gibt es von Influencern getriebene Modeerscheinungen. Wenn viele Affiliate-Marketer große Kampagnen laufen lassen und viel Werbung machen, ist Affiliate-Marketing plötzlich der letzte Schrei. Kommen dann die Online-Coaches um die Ecke und beschwören den Tod des Affiliate-Marketings, schlägt das Pendel wieder in die andere Richtung.

Mit allen Modellen, die ich dir gleich vorstellen werde, kannst du auch noch in weiter Zukunft erfolgreich sein. Es gibt kein Mindesthaltbarkeitsdatum für sie. Im ersten Schritt ist es aber wichtig sich eine Übersicht zu verschaffen und die Modelle miteinander vergleichen zu können. Genauso wie du auch Autos oder Kaffeemaschinen untereinander vergleichen würdest, bevor du sie kaufst. Um das zu bewerkstelligen, habe ich einen Quick-Check entworfen, den ich dir jetzt vorstellen und erklären möchte.

Der Modell Quick-Check

Am Ende jeder Vorstellung eines Online-Business Modells gibt es den sogenannten Quick-Check. Er beantwortet dir übersichtlich folgende Fragen:

- Inwiefern ist das Modell für Anfänger geeignet und wird Coaching benötigt?
- Wie viel Startkapital ist notwendig?
- Wie lange dauert der Aufbau des Modells?
- Wie wirkt es sich auf die persönliche Freiheit aus?
- Wie hoch ist das Risiko sein Startkapital komplett zu verlieren?
- Wie viel Arbeit in Stunden pro Woche sind zu erwarten?
- Wie hoch sind die Verdienstmöglichkeiten im ersten Jahr der Online-Selbstständigkeit?

Das hilft eine Vergleichbarkeit herzustellen und versetzt dich in die Lage bewusste, rational begründete Entscheidungen zu treffen. Außerdem reduziert es die Gefahr zu scheitern, weil zu Beginn klar ist, worauf du dich einlässt. Natürlich ist die Auflistung nur meine subjektive Sichtweise und kann diskutiert werden, dennoch ist es ein Startpunkt, den Einsteiger im Online-Business so dringend brauchen.

Als nächstes findest du einen Beispiel Modell Quick-Check mit Erklärung der einzelnen Angaben.

Beispiel Modell Quick-Check

Einsteiger-Kategorie	Startkapital	Gering / Mittel / Hoch
A B C	Risiko	Gering / Mittel / Hoch
	Dauer Aufbau	Kurz / Mittel / Hoch
	Freiheitsgrad	Gering / Mittel / Hoch
	Arbeit pro Woche	Gering / Mittel / Hoch
	Umsatzpotenzial 1. Jahr	Gering / Mittel / Hoch

Der Quick-Check im Detail

Einsteiger-Kategorie

- A – Modell uneingeschränkt für Einsteiger zu empfehlen
- B – Modell nur mit Coaching für Einsteiger zu empfehlen
- C – Modell nur für Profis im Online-Marketing oder Thema

Startkapital

- Gering – 0 bis 1.000 €
- Mittel – 1.000 bis 5.000 €
- Hoch – 5.000 bis 10.000 €

Risiko

- Gering – Kaum Risiko das eingesetzte Startkapital zu verlieren
- Mittel – Es besteht ein gewisses Risiko
- Hoch – Das Risiko ist sehr groß

Freiheitsgrad

- Gering – Modell wirkt eher limitierend in der eigenen Zeitgestaltung
- Mittel – Modell erlaubt gewisse Freiheiten
- Hoch – Der persönliche Freiheitsgrad ist sehr groß

Arbeit pro Woche

- Gering – 5 bis 10h
- Mittel – 10 bis 20h
- Hoch – 20 bis 40h

Umsatzpotenzial 1. Jahr

- Gering - <1.000 bis 5.000 €
- Mittel – 5.000 bis 15.000 €
- Hoch – 15.000 bis 40.000 €

Dir ist bestimmt im Inhaltsverzeichnis aufgefallen, dass jedes Online-Business Modell einen in Klammern gesetzten Buchstaben hat. Dieser zeigt die Einsteiger-Kategorie an, die ich weiter oben bereits beschrieben habe. Das ermöglicht dir dich besser im Buch zurechtzufinden und es als Nachschlagewerk zu nutzen. Zudem sind die Modelle in ihren Kategorien alphabetisch sortiert.

Mit dieser Systematik können wir nun die Vorstellung der Modelle starten.

Affiliate-Marketing (A)

Der Affiliate-Marketer empfiehlt ein Produkt oder eine Dienstleistung und bekommt, wenn der Empfangende diese kauft oder beauftragt, eine Provision[1].

Es gibt einmalige Provisionen, Provisionen für Folgekäufe oder regelmäßige Provisionen für monatlich abgerechnete Produkte und Dienstleistungen.

Unter meinen YouTube-Videos findet sich zum Beispiel immer eine Auflistung meines Kamera-Equipments. Vielleicht fragt sich jemand, welche Kamera oder welche Scheinwerfer ich verwende. Über die Links können diese dann direkt bezogen werden und für jeden Kauf erhalte ich eine Provision.

Diese Verlinkungen sind sogenannte Affiliate-Links, die zum Beispiel zu Amazon® führen. Das gibt es aber natürlich nicht nur für Amazon®, sondern auch für unzählige andere Angebote und Anbieter. Amazon® macht es aber sehr leicht, sich am hauseigenen Partner Programm zu beteiligen und Affiliate-Links zu generieren.

Die zu erwartenden Provisionen spielen sich meistens im 2-3% Bereich ab und betragen oft nur ein paar Cent. Für physische Produkte außerhalb des Hochpreissegments liegen sie sehr niedrig. Es hängt aber davon ab, um welche Warengruppe es sich konkret handelt. Sind es Waren, die in einem Produktbereich liegen, der beim Anbieter noch nicht so gut funktioniert (z. B. Kleidung und Pantry), ist die Provision höher als bei Elektronikartikeln.

Bei Informationsprodukten können sie jedoch schon ein paar hundert Euro betragen. Auch Finanz- oder Versicherungsprodukte werden mit sehr hohen Provisionen im Affiliate-Marketing belohnt.

Jeder fängt im Affiliate-Marketing erst mal klein an. Oft sind es eben die Amazon-Links, die in Facebook-Beiträgen, YouTube-Kommentaren oder Foren geteilt werden. Erfahrene Marketer legen auf ihrer eigenen Website dazu eine Adressumleitung[2] an, um die spezifische Adresse eines Amazon Affiliate-Links (z.B. https://amzn.to/31xqq29) zu verschleiern. Manchmal ist es also vollkommen intransparent, ob jemand vom Klicken des Links profitiert.

Das hat auch damit zu tun, dass diese Links als Werbung zu betrachten sind. Schließlich geht von ihnen eine Gewinnerzielungsabsicht[3] aus. Auf der rechtlich sicheren Seite muss daher jeder Affiliate-Link als Werbung gekennzeichnet werden. Gemacht wird das aber selten.

Mit Affiliate-Links viel Geld zu verdienen, funktioniert nur mit einer großen Reichweite[4]. Schließlich schleudern viele Menschen ihre Affiliate-Links querbeet durchs Netz. Auch deshalb stumpfen Internetnutzer gegenüber dieser Art von Werbung immer mehr ab.

Ich selbst ertappe mich oft dabei aus Protest das jeweilige Produkt separat im passenden Shop zu suchen, um eben nicht auf den vermaledeiten Affiliate-Link zu klicken.

Im Affiliate-Marketing ist eine Kenngröße besonders wichtig: der Traffic bzw. die Reichweite! Wer sich darauf versteht seine Links vielen Menschen zu zeigen, wird naturgemäß auch mehr damit verdienen. 0,5 - 2% der Internetnutzer sind immer bereit, auf den Link zu klicken und das angepriesene Produkt zu kaufen. Affiliate-Marketer sind deswegen echte Traffic-Künstler, die keine Gelegenheit auslassen um mehr Besucher auf ihre Links zu bringen.

Die nächste Evolutionsstufe im Affiliate-Marketing ist die eigene Website zu einem bestimmten Thema. Das kann ein Blog über die eigenen Bemühungen im Affiliate-Marketing sein. Das kann aber auch eine sogenannte Nischensite[5] sein, die sich um ein bestimmtes, eng definiertes Thema dreht.

Alle Nischensites sind zunächst etwas seltsam. Ich selbst war stolzer Besitzer einer Nischenseite zum Thema "elektrische Pfeffermühlen".

Ich kenne aber auch Marketer, die auf ihren Nischensites GPS-Tracker für Haustiere, Lackversieglungen, Handyhüllen oder Waffenschränke verlinken. Meist getarnt durch einen „objektiven" Produkttest. Das hier nicht wirklich getestet wird, sollte spätestens bei großen, sehr teuren Produkten klar sein. Niemand überprüft und beschreibt 30 Klimaanlagen zu Hause. Allein die Anschaffungskosten bei geringem Wiederverkaufswert würden jedes Affiliate-Marketing im Keim ersticken. Aber diese Güter sind teuer und dementsprechend warten höhere Provisionen.

Rechenbeispiel

Wir verlinken auf unserer Website ein Produkt für 100€. Dafür erhalten wir eine 2% Provision. Also 2€. Wenn auf unsere Website jeden Monat 1.000 Besucher kommen und 2% das Produkt kaufen, dann verdienen wir pro Monat 40€. Aufs Jahr macht das einen Umsatz von 480€. Nicht gerade viel.

Anders sieht es bei 10% Provision und einem

Verkaufspreis von 300€ aus. Wir erhalten also 30€ Provision. Dann strömen bei 1.000 Besuchern bereits 600€ pro Monat auf unser Konto und wir machen einen Jahresumsatz von 7.200€.

Wer 10 solcher Seiten hat, der verdient also schnell ein hohes 5-stelliges Jahreseinkommen. Das ist die Magie des Affiliate-Marketings.

Wenn immer mehr Menschen der eigenen Affiliate-Site folgen und die Nischensite wirklich Geld abwirft, wird es Zeit für den nächsten Schritt. Dann beginnen Affiliate-Marketer eigene digitale Produkte zu erstellen und zu verkaufen. Ein E-Book hier, ein Online-Kurs dort. Sie schließen Kooperationen mit anderen Marketern, die ihre Produkte bewerben und dafür wiederum Affiliate-Provisionen erhalten.

Gerade beim Affiliate-Marketing wird deutlich, was viele Online-Business Modelle innehaben: Sie verhalten sich wie Schwungräder. Es dauert unheimlich lange, bis sie in Bewegung kommen, aber wenn es dann so weit ist, ergeben sich unfassbar viele Möglichkeiten für neuen Umsatz.

Diesen Punkt zu erreichen, schaffen aber die meisten angehenden Affiliate-Marketer nicht. Sie werden entmutigt von den Cent-Beträgen, die bestenfalls monatlich auf ihr Konto kommen und verpassen zu erfahren, was möglich gewesen wäre. Deswegen ist "Durchhalten" auch eine geforderte Stärke im Online-Business und ganz speziell im Affiliate-Marketing.

Zusammenfassung

Affiliate-Marketing ist trotz seiner schwachen Erfolgsaussichten am Anfang ein prima Sprungbrett in die Welt des Online-Business. Wer dran bleibt, lernt damit von Beginn an alles, was wichtig ist um im Internet zu "überleben". Durchhaltevermögen ist aber das A und O.

Zwar gibt es auch in diesem Bereich eigenständige Coaches, aber ein reines Business-Coaching halte ich nicht für notwendig. Im Gegenteil, es würde einem wertvolle Lernerfahrungen verwehren. Zudem gibt es gute Bücher und Online-Kurse für kleines Geld.

Affiliate-Marketing ist mit Abstand das kostengünstigste Business überhaupt, denn es lässt sich mit einfachen Links auf fremden Plattformen starten. Wer sich im Affiliate-Marketing behaupten kann, dem blühen (fast) passive Einnahmen[6].

Noch heute erhalte ich regelmäßig Amazon Provisionen von Links, von denen ich längst nicht mehr weiß, wo ich sie denn gesetzt habe. Unnötig zu erwähnen, dass das ein sehr schönes Gefühl ist.

Modell Quick-Check "Affiliate-Marketing"

Einsteiger-Kategorie	Startkapital	Gering
A	Risiko	Gering
	Dauer Aufbau	Mittel
	Freiheitsgrad	Hoch
	Arbeit pro Woche	Gering
	Umsatzpotenzial 1. Jahr	Gering

Clickworker (A)

Unter dem Begriff "Clickworker" fasse ich alle Angebote im Internet zusammen, die sich grob darum drehen, dass "geklickt" und eine kleine Vergütung im Cent-Bereich bezahlt wird.

Zum Beispiel gibt es Dienste, die ein paar Cent bezahlen, wenn bestimmte Beiträge kommentiert, gelikt oder generell angeklickt werden. Solche Angebote gibt es auch für Umfragen, für deren Ausfüllen bezahlt wird. Darunter fällt auch das Testen und Schreiben von Bewertungen für Produkte, wie zum Beispiel Bücher (siehe hierzu die Produkttester Plattform Amazon® Vine).

Auch wenn es sicher die Anbieter entsprechender Plattformen nicht gerne hören: Meist ist hier nicht viel Geld zu verdienen. Ein substanzieller Lebensunterhalt kann dadurch nicht erwirtschaftet werden und, seien wir ehrlich, mit stumpfem Geklicke will das auch niemand. Es ist das Äquivalent zum Zusammenschrauben von Kulis in Heimarbeit. Auch wenn selbstverständlich gegen solche Tätigkeiten nichts einzuwenden ist.

Clickworker verdienen lediglich einen kleinen Nebenverdienst, der dem einen oder anderen ein gutes Gefühl gibt. Ich würde sie deshalb aber noch lange nicht als Online-Unternehmer bezeichnen. Dennoch war es mir wichtig, dieses Modell zumindest kurz zu behandeln, weil es gerne als Einwand verwendet wird. Als Einwand, dass doch sehr leicht und schnell online Geld verdient werden kann.

Zusammenfassung

Dieses Modell ist definitiv für Anfänger geeignet. Kein Coaching und kein Startkapital notwendig. Gemessen am Ertrag wird die eingesetzte Zeit sehr schlecht bezahlt. Deshalb ist der Freiheitsgrad durch sog. Clickworking eher gering zu schätzen.

Modell Quick-Check "Clickworker"

Einsteiger-Kategorie		
A	**Startkapital**	Gering
	Risiko	Gering
	Dauer Aufbau	Kurz
	Freiheitsgrad	Gering
	Arbeit pro Woche	Gering
	Umsatzpotenzial 1. Jahr	Gering

Freelancing / Virtuelle Assistenz (A)

Es gibt diverse Portale (wie zum Beispiel Fiverr® oder Upwork®) auf denen meistens aber nicht nur kreative Menschen ihre Dienstleistungen anbieten.

- Mein Bild als Comic? Kein Problem.
- Ein eingesprochenes Intro für meinen Podcast? Leicht zu finden.
- Ein Cover für mein nächstes Buch? Nichts leichter als das.
- Das gesungene Horoskop rückwärts sitzend auf einem Kaktus? Es gibt nichts, was es nicht gibt!

Wer durch das reichhaltige Angebot dieser Anbieter surft, wird bestimmt die eine oder andere Sache finden, die von einem selbst dort angeboten werden könnte. Je spezieller und kleinteiliger, desto besser.

Der Vorteil liegt auf der Hand. Fiverr® und Co. bieten einerseits eine Plattform zur Abwicklung der Aufträge und bringen andererseits bereits viel Traffic und Besucher mit. Dafür allerdings werden der Vergütung aber auch Gebühren für diese

Services abgezogen.

Wer dort unterwegs ist, wird sich wundern, warum viele Dienstleistungen teilweise unsagbar günstig sind. Das ist schnell erklärt. Selbstverständlich bieten auf diesen Plattformen auch Kreative ihre Dienste an, die in Ländern leben mit weit geringeren Personal- und Lebenshaltungskosten. Daraus resultieren entsprechende Preise, die im Vergleich zu ortsansässigen Anbietern unschlagbar erscheinen. Der Auftraggeber kann also Kurs- und Preisunterschiede ausnutzen und bekommt seine favorisierte Leistung wesentlich günstiger. Dennoch bieten auch diese geringen Preise in den Heimatländern der Anbieter oft eine substanzielle und sogar überdurchschnittliche Lebensgrundlage.

Der ungünstige Nebeneffekt ist, dass sich Anbieter mit höheren Lebenshaltungskosten diesem Wettbewerb ausgesetzt sehen und damit konkurrieren müssen.

Neben den klassischen Freelancer-Plattformen gibt es aber auch Menschen, die Unternehmer und Selbstständige dabei unterstützen, wiederkehrende Aufgaben auszulagern. Das können Recherchen, Kundenansprachen, Bild- oder Videobearbeitung sein. Sie machen viele Arbeiten, die vorher im Detail von ihren Auftraggebern dokumentiert und dann an sie ausgelagert wurden. Ich mache das zum Beispiel mit der Ansprache von Podcasts, in denen ich gerne ein Interview geben würde.

Das läuft unter dem Stichwort der "Virtuellen Assistenz (VA)". Meine virtuelle Assistenz recherchiert die Podcasts und spricht sie anhand einer E-Mail Vorlage an. Ich kümmere mich nur noch um die Rückläufer und gebe Interviews.

Ich finde diese Konzepte wirklich spannend. Einerseits bietet es geplagten 9to5-Schreibtischtätern mit ihrer Berufserfahrung eine neue ortsunabhängige Perspektive. Eine Perspektive, mit der auch die Engpässe einer unverschuldeten Arbeitslosigkeit sich kurzfristig überwinden lassen. Andererseits bieten sie mir als Unternehmer die Möglichkeit gezielt Aufgaben auszulagern.

Die Vermittlung dieser virtuellen Assistenzen erfolgt über

Agenturen. Wichtig ist dabei, mit einer Agentur zusammenzuarbeiten, die ihre freischaffenden virtuellen Assistenten schätzt und angemessen bezahlt. Wie immer gibt es aber auch hier schwarze Schafe, die weit unter jeglichem Mindestlohn bezahlen. Das bleibt aber unklar, wenn kein enger Austausch mit der VA besteht.

Zusammenfassung

Freelancing und virtuelle Assistenz sind definitiv für Anfänger geeignet. Allemal wenn eine kreative oder kaufmännische Berufstätigkeit im Hintergrund ist, die dafür weiterverwendet werden kann.

Professionelles Coaching ist neben dem Kontakt zu einer guten Agentur nicht notwendig. Auch braucht es kein Startkapital. Der Freiheitsgrad erhöht sich durch die Ortsunabhängigkeit. Oft sind aber Freelancer und VAs gerade am Anfang ihrer Karriere stärker belastet, als "normale" Arbeitnehmer und tragen mehr finanzielles Risiko, verzichten gleichzeitig dafür aber auf die Annehmlichkeiten einer Festanstellung.

Dennoch kann dieses Modell ein echter Befreiungsschlag sein und ermöglicht ausgedehnte Auslandsaufenthalte.

Modell Quick-Check "Freelancing / Virtuelle Assistenz"

Einsteiger-Kategorie	Startkapital	Gering
A	Risiko	Gering
	Dauer Aufbau	Mittel
	Freiheitsgrad	Gering
	Arbeit pro Woche	Hoch
	Umsatzpotenzial 1. Jahr	Mittel

SaaS, Apps und Spiele (A)

Bei diesem Online-Business Modell geht es darum für den Endkunden ein bestimmtes Problem mit Hilfe einer Website oder App zu lösen. Der Fantasie sind dafür keine Grenzen gesetzt.

Ich habe selbst vor Jahren eine Schichtplanung für meine Mitarbeiter programmiert, weil es nichts am Markt gab, was meinen Bedarf genau getroffen hätte.

Nutzer eines solchen Service verwenden die bereitgestellten Funktionen und bezahlen dafür entweder einmalig oder auf Abo-Ebene. Selbst bei geringen Abo-Kosten von wenigen Euro pro Monat kann mit einer vergleichsweisen kleinen Nutzeranzahl bereits ein substanzielles monatliches Einkommen erreicht werden.

Rechenbeispiel

Wie gehen davon aus, dass unsere Software 9€ pro Monat Nutzungsgebühren kostet. Bei 50 Nutzern sind das bereits

450€ monatlicher Umsatz. Ist die Software bzw. der Service gut, dann können aber auch ganz schnell aus 50 Nutzern 200 werden und schon ist der monatliche Umsatz auf 1.800€ gestiegen. Bei 500 Nutzern sind es 4.500€. Damit lässt sich bereits etwas anfangen.

Wer eine Software-as-a-Service (SaaS) anbietet, muss sich neben der Beseitigung von Fehlern um Wartung und Support sowie Arbeiten für Administration und Weiterentwicklung kümmern. Zugegebenermaßen ist ein SaaS nur etwas für gute Programmierer oder die, die es werden wollen.

Meine eigene SaaS-Entwicklung scheiterte kläglich, weil die gewählte Architektur sich nicht mehr erweitern ließ. Für einen Wechsel des Aufbaues fehlte mir allerdings das Wissen eines waschechten Programmierers. Außerdem wurde die Arbeit immer zeitraubender, weil auch die Programmierung immer aufwendiger wurde. Zudem besteht generell der Hauptteil der Arbeit weniger darin, neue Funktionen zu bauen, sondern die Nutzbarkeit durch den Kunden sicherzustellen. Das ist eine sehr zeitraubende Tätigkeit, die einen gerne auch Vollzeit beschäftigen kann.

Bevor man also ein eigenes Softwareprodukt entwickelt, sollte man daher sicher sein, dass die Kunden auch nach einer solchen Lösung suchen. Sonst kann es passieren, dass viele Stunden Programmierung geradeaus in den Mülleimer wandern.

Oben beschriebenes gilt gleichermaßen für die Programmierung von speziellen Apps und Spielen. Einzig die Monetarisierung unterscheidet sich hier etwas, weil diese oft durch Werbung (€ gegen Views) und sogenannte InApp-Käufe (€ gegen extra Funktionen) vergütet werden.

Zusammenfassung

Wer bereits Programmierer mit mindestens 2-3 Jahren Berufserfahrung ist, kann sich an einem SaaS als Hobbyprojekt versuchen. Für komplette Anfänger in der Programmierung (wie ich das war) ist das eine Nummer zu groß. Hat mich aber auch nicht abgehalten.

Es gibt bereits viele Angebote im Netz, um programmieren zu lernen. Das dort vermittelte Wissen reicht aber oft nicht an das praktische Wissen einer mehrjährigen Berufstätigkeit heran. Im Job bewältigte Coding Probleme sind eben wesentlich komplexer als Coding Aufgaben im Online-Kurs. Meiner Meinung nach ist die Erfahrung einer Berufstätigkeit für ein solches Projekt aber wirklich wichtig und notwendig.

Coaches mit dem Ziel einen SaaS als Online-Business aufzubauen, gibt es meiner Meinung nach noch nicht.

Solange sich alles auf dem heimischen Rechner abspielt, ist eine SaaS sehr kostengünstig. Sobald allerdings andere technische Lösungen eingebunden werden und das Ganze in der Cloud online gehen soll, kann es relativ schnell teuer werden.

200-300€ pro Monat sollten da schon eingeplant werden, um einen Service zu betreiben, auch wenn er noch keine oder sehr wenige Nutzer hat.

Der Freiheitsgrad ist beim SaaS eingeschränkt, weil Weiterentwicklung und Support zeitaufwendig sind, wenn sie nicht ausgelagert werden. Meistens geht es Anbietern einer solchen Lösung aber gar nicht um mehr freie Zeit, sondern die Selbstverwirklichung ihrer technischen Vorstellungen.

Modell Quick-Check "SaaS / Apps & Games"		
Einsteiger-Kategorie	**Startkapital**	Gering
A	**Risiko**	Gering
	Dauer Aufbau	Mittel - Lang
	Freiheitsgrad	Gering
	Arbeit pro Woche	Mittel - Hoch
	Umsatzpotenzial 1. Jahr	Gering - Mittel

Streaming (A)

Eher aus dem Gaming-Bereich kommt das sogenannte Streaming. Dabei geht es darum, sich beim Spielen eines Computerspiels zu filmen und das neben den Spielszenen live ins Internet zu übertragen.

Wer das allerdings jetzt für ein Hobby pubertierender Jugendlicher auf Realitätsflucht hält, der irrt. Zu groß sind dafür die Summen, die im Streaming mittlerweile verdient werden.

Gestreamt wird auf Plattformen wie zum Beispiel Twitch®. Es gibt aber mittlerweile eine Vielzahl von anderen Anbietern für Live-Events und Streamings. Auch jedes größere soziale Netzwerk hat seinen Live-Bereich. Allerdings ist kein Anbieter so populär wie Twitch®. Geschuldet ist das dem ausgeklügelten Vergütungsmechanismus, mit dem Streamer dort substanzielle Erträge von ihren Fans erhalten.

Zuschauer haben auf dieser Plattform diverse Möglichkeiten, die Aktivitäten ihrer liebsten Streamer monetär zu vergüten. Zum Beispiel über Spenden oder sogenannte Subscriptions, die 1-2 Euro oder mehr wert sind. Die Streamer reagieren wiederum mit kleinen Einblendungen und Sounds in ihren Overlays[1] und bedanken sich direkt bei ihren Followern.

Streamer bauen sich darüber ein sogenanntes Personal Brand[2] auf und zweitverwerten ihre Inhalte zusätzlich auf YouTube (siehe dazu YouTube-Business). Auch wenn Streaming eher nach Kleinkram klingt, sind hier selbst mit einer kleinen und mittleren Fanbase[3] gute Einkommen pro Monat möglich. Über die YouTube-Monetarisierung und den Verkauf von T-Shirts und anderen Fan-Artikeln, Sponsorings und Product Placements schaffen es bekannte Streamer ein profitables Business aufzubauen. Auf der Schattenseite steht der massive Zeiteinsatz, der nicht automatisiert werden kann. Streamer sind viele Stunden pro Woche online und unterhalten ihre Fans. Eine Vorproduktion von Inhalten ist aufgrund des Live Charakters ebenfalls nicht möglich und so ist das Online-Business Modell des Streamings kein besonders geeignetes, um mehr persönliche Freiheit im Leben zu haben.

Sollte aus irgendeinem Grund das Streaming plötzlich nicht mehr funktionieren, sinken die Einnahmen dieses Business auf null. Auch hier ist die Abhängigkeit zu einer bestimmten Plattform (z.B. Twitch®) ein Problem. Erteilt die Plattform einen sogenannten temporären oder permanenten Ban[4], gibt es für den Streamer keine Möglichkeiten mehr Einnahmen zu generieren. Es muss dann ein komplett neuer Account aufgebaut werden. Auch ein Grund, warum Streamer ihre Live-Aufnahmen zu YouTube überführen, um sie dort mit der YouTube Monetarisierung weiter für sich arbeiten zu lassen. Auch wenn sie gerade mal nicht auf Sendung sind.

Meiner Meinung nach wird der Streaming Markt sich in den nächsten Jahren weiter für Themen öffnen, die nicht unbedingt etwas mit Gaming zu tun haben. Schon jetzt finden sich dort auch Talks und Reactions sowie andere Formate, die aber noch deutlich in der Unterzahl sind. Sie ziehen weniger Zuschauer und Fans an und sind dementsprechend auch weniger vergütet.

Zusammenfassung

Der Einstieg ist als Anfänger mit ein wenig Kameratechnik (gute Webcams, Mikrofone, Greenscreen gibt es bereits für wenig Geld) ohne weiteres möglich. Konkretes Coaching ist nicht notwendig. Es reicht oft der Blick zu anderen Streamern.

Auch braucht es wenig Startkapital. Dieses Online-Business Modell ist allerdings eher weiter einschränkend für die persönliche Freiheitsgestaltung und deshalb wenig als zweites Standbein geeignet.

Für Menschen, die jedoch gerne im Feierabend zu festen Zeiten noch eine Runde am PC spielen, nichts dagegen haben, dass ihnen dabei jemand über die Schulter schaut und sich nett unterhalten wollen, sicherlich aber das perfekte Modell.

Modell Quick-Check "Streaming"

Einsteiger-Kategorie	Startkapital	Gering
A	Risiko	Gering
	Dauer Aufbau	Kurz
	Freiheitsgrad	Gering
	Arbeit pro Woche	Mittel - Hoch
	Umsatzpotenzial 1. Jahr	Mittel

Workaktions und Retreats (A)

Workations[1] sind Veranstaltungen in der realen Welt (Ja, so etwas gab es mal irgendwann) und meist kürzere Urlaube an exotischen Orten, bei denen sich ortsunabhängige Unternehmer und Selbstständige treffen, um gemeinsam zu leben und zu arbeiten. Es geht dabei vor allem um den informellen Austausch untereinander, die Weiterentwicklung der Selbstständigkeit und das kollektive Freizeiterlebnis.

Retreats hingegen dienen vollständig der Erholung und haben einen konkreten Themenschwerpunkt. Sie sind sinnvoll, um sich vollkommen auf die Entspannung, Heilung oder das jeweilige Ziel zu konzentrieren. Yoga- und Meditationsretreats gehören noch zu den eher bekannten Kategorien. Der Fantasie sind aber keine Grenzen gesetzt. Neulich erst habe ich etwas über ein Lach- und Schweige Retreat in der Wüste gelesen.

Workations und Retreats dürfen gerne verrückt sein und aus einer Vielzahl unterschiedlicher Aktivitäten bestehen. Das macht ihren Charme aus. Auch hier sind sie der Gegenentwurf zu klassischen Ressort-Urlauben, bei denen zwischen Strand und Buffet hin- und her gelaufen (oder eher gerollt) wird.

Der große Vorteil ist, dass die Persönlichkeit der Veranstalter zur Geltung kommen kann und sie sich vollständig kreativ ausleben dürfen. Das Ausrichten von Offline-Events mag zunächst nicht wie ein Online-Business Modell aussehen. Das ist es aber, wenn auch natürlich nicht zu 100%. Es geht vielmehr darum alle Vorteile zu nutzen, die uns die Online-Welt bietet, um damit das Risiko einer Reise- und Veranstaltungsplanung möglichst zu reduzieren.

Zum Beispiel wird dafür zunächst im Internet ein Veranstaltungsort gesucht und ohne Kosten reserviert. Für das Retreat wird eine Website aufgesetzt und über Werbung und Communities werden potenzielle Teilnehmer angesprochen. Das Programm der Veranstaltung kann kreativ aus dem Kopf niedergeschrieben werden und hat zunächst nur die Aufgabe neugierig zu machen. Um die tatsächliche Umsetzung kümmert man sich später.

Interessenten gehen für die Teilnahme in Vorkasse. Sobald für das Event genügend Anmeldungen vorliegen, kann der Veranstaltungsort kostenpflichtig gemietet und ein Programm im Detail entwickelt werden. Sollten nicht genug Interessenten zusammenkommen, bleibt man höchstens auf Werbeausgaben sitzen, nicht aber auf der teuren Miete eines Veranstaltungsortes inkl. Übernachtungsmöglichkeiten.

Außerdem kann das Event mit der Zielgruppe schon während der Anmeldephase über Umfragen gemeinsam gestaltet werden. Das erhöht die Wahrscheinlichkeit, dass es von den Teilnehmenden als gewinnbringend bewertet und geteilt wird. Dieser Weg führt außerdem zu mehr Zufriedenheit während der Veranstaltung.

Rein finanziell lohnen sich solche Veranstaltungen ebenfalls. Ihr gefühlter Mehrwert kumuliert durch die verschiedenen Aktivitäten während des Events. Je abwechslungsreicher, luxuriöser oder umfänglicher eine solche Veranstaltung ist, desto mehr sind die Teilnehmenden auch bereit, dafür zu bezahlen.

Rechenbeispiel

Wir nehmen an, ein Retreat kostet für eine Woche 790€. Der Veranstaltungsraum und das Zimmerkontingent kosten für die Woche 2.000€ inkl. Verpflegung für 10 Teilnehmer. Bereits mit 3 verbindlichen Buchungen, kann das Retreat also stattfinden.

Die restlichen Buchungen, selbst wenn das Event nicht vollständig ausgebucht ist, ergeben dann ein finanzielles Polster für weitere Aktivitäten. Am Beispiel also mit 4 weiteren Buchungen einen Überschuss von 3.530€.

Wird das Retreat alle 3 Monate widerholt und wird vollständig ausverkauft, winkt ein Jahresgewinn nach Kosten von 21.000€.

Zusammenfassung

Ich halte Workations und Referats für sehr gut geeignet für Anfänger. Natürlich erfordert es Abstimmung mit Veranstaltungsorten, technisches Wissen und eine große Portion Kreativität und Organisationstalent, aber es ist ein relativ gefahrloser Weg, um sich im Bereich Online-Business auszuprobieren. So lassen sich zum Herzensthema erstes Kundenfeedback sammeln und die Zielgruppe auf ganz persönlicher Ebene kennenlernen.

Auch hier gibt es Coaches, die ihr Wissen im Bereich Workations und Retreat weitergeben. Ich halte das aber nicht für zwingend notwendig. Im Gegenteil, es würde wertvolle Erfahrungen im Selbstversuch kosten.

Das Startkapital sollte schon bei min. 500-1.000€ liegen, wenn kostenpflichtige Werbung geschaltet werden soll, ggf. sogar etwas mehr. Je nach Preis der Veranstaltung entsteht danach ein gutes finanzielles Polster, mit dem der persönliche Freiheitsgrad im Leben gesteigert werden kann oder weitere Retreats oder Workations geplant werden können. Dieses Modell bietet die Möglichkeit für Teilnehmer wirklich anfassbare Erlebnisse und Erfahrungen zu schaffen.

Modell Quick-Check "Workations und Retreats"

Einsteiger-Kategorie		
A	**Startkapital**	Gering
	Risiko	Gering
	Dauer Aufbau	Kurz
	Freiheitsgrad	Hoch
	Arbeit pro Woche	Gering - Mittel
	Umsatzpotenzial 1. Jahr	Mittel

YouTube® (A)

Beim YouTube-Business geht es darum die Monetarisierung von YouTube zu nutzen. Bei eingeschalteter Monetarisierung wird den eigenen veröffentlichten Videos Werbung vorgeschaltet, für die die Werbetreibenden dann einen Obolus zahlen.

Um an die heranzukommen sind aktuell mindestens 1.000 Subscriber des eigenen YouTube-Kanals notwendig und zusammengerechnet 4.000 Stunden Wiedergabezeit aller veröffentlichter Videos. Das klingt viel und ist es leider auch.

YouTube hat diese Grenzen über die Jahre immer weiter angehoben. Allerdings wachsen mit zunehmender Anzahl und Qualität der Videos Subscriber und Wiedergabezeiten überproportional. Sodass das Erreichen der Monetarisierung nicht so lange dauert, wie die bloßen Zahlen zunächst vermuten lassen. So mancher YouTuber denkt am Anfang: In dem Tempo schaffe ich das nie.

Um auf YouTube durchzustarten muss nicht notwendigerweise das eigene Gesicht in die Kamera gehalten werden. Viele YouTuber haben sich hier ein profitables Business aufgebaut, indem sie einfach bestehende Clips zusammengeschnitten oder generell freiverfügbares Material wiederverwendet haben. Zum

Beispiel Filmtrailer oder kurze Amateur-Videos von anderen sozialen Plattformen zu einem bestimmten Thema. Mit hoher Wahrscheinlichkeit kommt darin min. eine Katze vor.

Das Ganze muss sich im Hinblick auf die Einhaltung von Urheber-, Persönlichkeits- und Markenrechten abspielen. Eigentlich...

Stattdessen bewegen sich diese Videos oft im Graubereich des sog. Zitierrechtes, welches aber wiederum eigentlich nicht für solche Anwendungsfälle im Urheberrecht vorgesehen ist. Von den Rechteinhabern wird meist darüber hinweggesehen, wenn es nicht zur Verunglimpfung kommt. Schließlich können solche Videos auch der eigenen Werbung dienen.

Wie viel mit YouTube verdient werden kann, hängt stark von der Zielgruppe des Kanals ab. Wird eine sehr kauffreudige, finanzstarke Zielgruppe angesprochen, die offen für Werbebotschaften ist, kann der sogenannte TKP (Tausenderkontaktpreis[1]) auch gerne bis zu 30-40€ betragen. Das ist aber nicht die Regel. Eher sind es 1-4€.

Rechenbeispiel

Pro tausend Werbeeinblendungen erhält der YouTuber also einen bestimmten Betrag. Sagen wir 10€. Bei einem Video mit 100.000 Views und zwei Werbeeinblendungen wären dies Einnahmen von 2.000€ (100.000 / 1.000 * 10 * 2) für ein einziges Video.

Wir gehen einfachheitshalber davon aus, dass das Video nur 4 Wochen benötigt, um diese View-Anzahl zu erreichen. Wir gehen auch davon aus, dass pro Woche min. zwei neue Videos hochgeladen werden, die sich ähnlich entwickeln.

Dann lägen wir nach vier Wochen bei einem

geschätzten Umsatz von ca. 4.000 - 6.000€ durch die YouTube Monetarisierung.

Erzielen die Videos eine kontinuierliche Reichweite, lassen sich bereits mit niedrigen Viewzahlen substanzielle Beträge verdienen. Neben der Monetarisierung von YouTube laden dann auch Product Placements und Sponsorings ein, um mit dem eigenen Kanal Geld zu verdienen.

Es geht aber natürlich auch größer. Der amerikanische YouTuber Mr. Beast veröffentlichte 2020 ein Video[2], welches er vor 5 Jahren aufgenommen hatte und in dem er schwor über YouTube reich und berühmt zu werden. Dieses Video hat allein 34 Millionen Views. Nutzen wir unser Rechenbeispiel von gerade und gehen lediglich von einer einzigen vorgeschalteten Werbung aus, hätte dieses Video seit Veröffentlichung über 100.000€ eingespielt. Der Kanal von Mr. Beast nennt 56,3 Millionen Abonnenten sein Eigen und veröffentlicht 3-4 Videos pro Monat.

Findige YouTuber weiten ihre Marke auf Merchandise wie T-Shirts, Tassen und Hoodies aus. Der YouTuber MontanaBlack tourte zuletzt sogar durch die Medien mit seiner Biografie (Teil 1 und Teil 2) und soll gar Deutschlands reichster YouTuber bzw. Streamer sein.

Dreh- und Angelpunkt des YouTube-Business sind für m.E. folgende Video-Formate:

- Compilations (Zusammenschnitte von bestehendem Videomaterial zu einem Thema)
- Reactions (Reaktion auf ein anderes YouTube-Video)
- Recycling (Zweitverwertung von Inhalten, die zuvor gestreamt wurden)
- Challenges (Aufgaben und deren Erfüllung)
- Discovery und Making (Informatorische Reportagen

oder Darstellung, wie bestimmte Dinge hergerstellt werden)
- Hit'it with money (Machen große YouTuber aus den U.S.A. mit Videos ála "Ich schenke dem Influencer XY einen handgeblasenen Ferrari im Wert von 1.000.000 Dollar.")
- Alles was dazwischen liegt oder miteinander kombiniert werden kann

YouTube ist eines der wenigen Geschäftsmodelle, in dem noch Zündkraft steckt. Ich meine damit die Fähigkeit ein kleines unscheinbares Video in kurzer Zeit zum Hit werden zu lassen. Diese Möglichkeit fasziniert und animiert viele Menschen in die Produktion eigener Videos einzusteigen.

Damit einhergehend ist das Studium der Schnitt- und Kameratechnik, um halbwegs ansehnliche Videos zu produzieren, wenn sich nicht komplett auf fremde Inhalte verlassen wird. Wobei die Qualität oft überbewertet wird. Glaubt man den Großen der Branche, so zählt die kreative Idee und die Interaktion mit dem Zuschauer wesentlich mehr als das auf Hochglanz polierte Videobild.

Zusammenfassung

Für Anfänger definitiv geeignet, wenn sich auch darauf eingestellt werden sollte die Monetarisierung lange Zeit nicht nutzen zu können.

Außerdem ist es wichtig sich ein Thema zu suchen, was auf der einen Seite so klein, aber auch auf der anderen Seite so groß ist, um damit dauerhaft Zuschauer zu begeistern. Schließlich muss kontinuierlich guter Content geliefert werden, der die Zuschauer interessiert und zur Interaktion (Kommentare, Likes, Weiterleitungen) animiert.

Ein professionelles Coaching ist erst notwendig, wenn der

Kanal konkreten Zielen eines anderen Online-Business Modells dient. Zum Beispiel wenn er die Reichweite im Online-Coaching erweitern soll oder zum Aufbau einer Personenmarke dient.

Das notwendige Equipment, angefangen bei einer vernünftigen Vlogger-Kamera kann ins Geld gehen. 1.000€ an Startkapital für Anschaffungskosten sind eine gute Basis. Es geht jedoch auch wesentlich günstiger. Schließlich hat jeder mittlerweile ein High-end Smartphone in der Tasche. Es zählt weniger die aufwendige Technik als mehr die Idee des Videos.

Der Freiheitsgrad fällt im YouTube-Business extrem schlecht aus, weil es sehr viel Arbeit kostet Inhalte zu produzieren und sehr lange dauert, bis diese zünden (wenn überhaupt). Außerdem müssen Inhalte bei Abwesenheiten vorproduziert werden. Erfolgreiche YouTuber lagern hier zumindest das Schneiden ihrer Videos an Freelancer aus.

Modell Quick-Check "YouTube"

Einsteiger-Kategorie	Startkapital	Gering
A	Risiko	Gering
	Dauer Aufbau	Mittel - Lang
	Freiheitsgrad	Gering
	Arbeit pro Woche	Hoch
	Umsatzpotenzial 1. Jahr	Gering

Airbnb® (B)

Das Airbnb®-Business ist ein sogenanntes Arbitrage-Modell. In diesem Buch war es bereits kurz zu Gast im Bereich Freelancing und T-Shirt-Business. Es nutzt Preis- und Wertunterschiede zum eigenen Vorteil aus.

Rechenbeispiel

In einer Stadt wird eine Wohnung für 1.000€ pro Monat (warm) gemietet. Mit den Vermietenden wird abgesprochen, dass die Wohnung über das Internet kurzzeitig untervermietet werden soll. Sofern die Vermietenden dem zustimmen, kann die Wohnung möbliert und schick fotografiert werden.

Anschließend wird sie auf einem Marktplatz für Ferienwohnungen (also zum Beispiel Airbnb®) eingestellt und das zu einem Preis von 100€ pro Nacht. In den Wochen danach ist z.B. Messe Zeit oder es stehen andere große Veranstaltungen in der Stadt im Terminkalender.

Die Wohnung ist deswegen 30-Tage hintereinander vollständig ausgebucht. Sie erzielt damit einen Umsatz von 3.000€. Also dem dreifachen der eigentlichen Monatsmiete.

Die Differenz zwischen der Miete, die an den Vermietenden bezahlt wird, und der Einnahmen, die über eine Ferienwohnungsplattform generiert werden, ist die Arbitrage. Davon werden Einrichtungskosten sowie Pflege und Verwaltung abgezogen. Es bleibt der Gewinn.

Arbitrage-Effekte reduzieren sich nach einer Weile, weil sich diese Preisunterschiede herumsprechen und von mehr Menschen ausgenutzt werden. Das hat zur Folge, dass auch die Mieten ansteigen oder öffentliche Stellen dieser Geschäftslücke mit Regulierungen entgegenwirken. In vielen deutschen Städten wird der kurzzeitigen Vermietung von Wohnraum bereits rechtlich ein Riegel vorgeschoben.

Diese Arbitrage-Modelle im Mietbereich nutzen preisliche Unterschiede zwischen langfristiger Vermietung und möblierter Kurzzeitvermietung. Eine vollmöblierte Wohnung in guter Lage wird von Kunden als hochwertiger wahrgenommen als ein leeres Apartment, welches für mehrere Monate gemietet werden muss. Außerdem dienen Mietwohnungen normalerweise nicht dem Tourismus. Über die Kurzzeitvermietung wird die Ressource „Wohnung" für den Tourismus geöffnet und erhält automatisch einen höheren Wert.

Deswegen sind Kunden auch bereit, dafür kurzfristig mehr zu bezahlen, als sie es langfristig vertreten könnten. Schließlich ist alles da und es muss sich um nichts gekümmert werden. Darüber hinaus geht es in vielen Fällen um Urlaub und die Erholung, weswegen der Kunde automatisch bereit ist mehr zu bezahlen.

Wer genau hinschaut, merkt, dass es sich sogar um ein doppeltes Arbitrage-Modell handelt und zwar dann, wenn

Wohnungen in anderen Ländern angemietet werden, die wesentlich weniger Miete kosten, sich aber durch die Tourismuskomponente und eine bestimmte Zielgruppe um das x-fache refinanzieren.

Die Verwaltung einer Airbnb® Wohnung kann eine Herausforderung sein. Schlüsselübergabe, Reinigung und Wartung sowie der Ersatz von defekten Gegenständen zwischen den Buchungen müssen koordiniert werden. Daher haben sich auch hier bereits eine Vielzahl von Dienstleistern und Agenturen entwickelt, die dabei Abhilfe schaffen.

Dieses Online-Business Modell steht sehr in der Kritik. Ihm wird nachgesagt, dass es ohnehin raren Wohnraum in Ballungszentren verbrennt und Mieten weiter ansteigen lässt. Die daraus folgende Wohnungsknappheit zwingt Menschen aus finanzschwächeren Segmenten der Gesellschaft die Städte für erschwinglichen Wohnraum zu verlassen, was allerdings ihren sozialen Status zusätzlich schwächt[1]. Ein Teufelskreis.

Aber natürlich ist knapper Wohnraum nicht ausschließlich auf Airbnb® und Co. zurückzuführen. Die Politik, Bauvorschriften, Investitionsstau, Immobilienspekulationen tun ihr übriges. Es wäre zu einfach und faktisch falsch einem Online-Business Modell allein die Schuld an dieser Entwicklung zu geben.

Städte schieben deswegen mittlerweile der Kurzzeitvermietung einen Riegel vor. Teilweise mit drakonischen Strafen bis zu 50.000€ bei Verstoß, die ein Kurzzeitvermieter bezahlen muss. Überflüssig zu erwähnen, dass auch Hotelketten über die Entwicklung von Ferienwohnungen am Airbnb®-Modell nicht glücklich sind. Die Kurzzeitvermietung stellt eine angenehme Alternative zum gewöhnlichen Hotelaufenthalt dar. Daher ist es gerade die Hotel Lobby, die gegen dieses Modell sturmläuft.

Zusammenfassung

Die Kurzzeitvermietung oder das Airbnb®-Modell ist kein Modell für Anfänger, die einfach drauflos machen wollen. Das kann funktionieren, birgt aber auch Gefahren, wenn beispielsweise darauf verzichtet wird, den Vermieter ordentlich zu informieren oder plötzlich das Ordnungsamt oder die Nachbarn vor der Tür stehen. Schon gar nicht sollte eine Wohnung selbst erworben werden.

Es gibt hier Coaches, die mit viel Erfahrung unterstützen können und dazu würde ich raten. Das Startkapital ist schwierig zu bemessen, würde ich aber für die ersten Mieten + Einrichtung bei ca. 5.000 – 7.000€ schätzen.

Wenn die Vermietung erst mal läuft und auch eine Agentur für das Administrative sorgt, dann ist der Freiheitsgrad hoch. Auch wenn stetig weitere Mietobjekte akquiriert werden müssen, damit die Gewinne aus der Kurzzeitvermietung ein substanzielles Einkommen bilden können.

Zudem haben globale Krisen, wie die Corona Pandemie gezeigt, dass die Kurzzeitvermietung genau wie auch die Hotelbranche in Mitleidenschaft gezogen werden, wenn internationaler Reiseverkehr plötzlich ausfällt und das Gastgewerbe sanktioniert wird.

Modell Quick-Check "Airbnb"

Einsteiger-Kategorie		
B	**Startkapital**	Hoch
	Risiko	Hoch
	Dauer Aufbau	Mittel
	Freiheitsgrad	Hoch
	Arbeit pro Woche	Gering - Mittel
	Umsatzpotenzial 1. Jahr	Mittel

Agentur (B)

Kommen wir zum Agentur-Business und damit dem zweiten Vertreter unserer B-Modelle. Darunter wird eine Dienstleistung für kleine, mittlere und lokale Unternehmen verstanden. Zum Beispiel Hundefriseure in Hamburg.

Diesen wird z.B. der Aufbau eines Social-Media Kanals zur Gewinnung von neuen Kunden angeboten. Jeder braucht neue Kunden, stimmt`s?

Mit einem solchen Business ist es möglich, sich sehr "spitz" zu positionieren[1] im Dienstleistungsmarkt. Das bedeutet, eine denkbar kleine Zielgruppe anzusprechen und damit ein Alleinstellungsmerkmal zu erwerben.

Hallo, ich bin der Max und ich liebe Hunde und Social-Media, deswegen würde ich gerne euren Hundesalon Instagram-Account aufbauen und pflegen. Damit gewinnt ihr viele neue Kunden und könnt demnächst einen zweiten Laden eröffnen…

Je spezieller die Zielgruppe durch geografische und demographische[2] Merkmale eingeschränkt wird, desto eher kann größerer Wettbewerb in dieser Nische[3] vermieden werden. Genau das macht sich das Agentur-Business zunutze. Weil, sind wir ehrlich, niemand ist so wie Max.

Der Nutzen für die Kunden ist klar. Diese haben wenig Zeit sich selbst um Social-Media zu kümmern, sehen aber das Umsatzpotenzial darin. Es ist nicht mehr viel Überzeugungsarbeit zu leisten. Die Sache hat nur einen gewaltigen Pferdefuß. Eigentlich sogar zwei.

Einerseits steht im Mittelpunkt die beispielhafte Fähigkeit Social-Media Profile anzulegen, mit potenziellen Kunden in Interaktion zu treten und dadurch für das Geschäft mehr Umsatz zu generieren.

Social-Media Manager/in ist eine eigene Jobbezeichnung und nun kann davon ausgegangen werden, dass damit auch viel fachliche Expertise verbunden ist. Doch suggeriert die Werbung für das Agentur-Modell, dass die eigentliche Leistungserbringung Nebensache ist. Das wird erkenntlich, wenn nur vom Umsatz gesprochen wird, statt den dafür notwendigen fachlichen Fähigkeiten, die natürlich elementar sind.

Aber welcher Kunde bezahlt dauerhaft niedrige 4-stellige Summen pro Monat oder pro Quartal, wenn die Leistung dahinter nicht stimmt. Wenn trotz gepflegtem Instagram-Account die Kunden nicht in Scharen das Geschäft stürmen und ihre Fellnasen angebunden am Frisiertisch zurücklassen.

Beispielrechung

Angenommen es werden 3 Kunden gefunden, die ihren Social-Media Kanal in unsere Obhut geben. Wir verpflichten uns täglich neue Inhalte zu posten, mit potenziellen Kunden zu interagieren und andere Inhalte zu kommentieren. Je Kunde entstehen so mindestens 3 Stunden Aufwand pro Woche. Der Kunde bezahlt dafür pro Monat 500€. Insgesamt machen wir mit 36 Stunden

Arbeit pro Monat einen Umsatz von 1.500€. Hier wird klar, dass das Agentur-Business sehr lukrativ sein kann.

Wird das Agentur-Business als Modell beworben, steht oft im Vordergrund das schnelle Geld und nicht der zeitliche Aufwand oder die fachliche Qualifikation. Und da kommen wir zum zweiten Pferdefuß.

Gerade das Agentur-Geschäft gehört im beruflichen Sektor zu den härtesten und anstrengendsten Tätigkeitsfeldern, die sich ein Arbeitnehmer freiwillig antun kann. Werden Mitarbeiter einer zufällig ausgesuchten Marketing-Agentur nach ihren Arbeitszeiten gefragt, kommen sie oft mit klassischem 9to5 nicht hin.

Und das ist nun als Selbstständiger und Unternehmer das Ziel? Die Gefahr ist groß, sich sein eigenes ggf. goldenes Hamsterrad zu bauen. Nach meiner Auffassung sollte ein Online-Business eher befreien und Spielräume eröffnen, statt sie zu verkleinern. Druck und Stress im Alltag reduzieren, statt zusätzlich Neuen zu produzieren.

Empfehlenswert finde ich dieses Modell hingegen für Menschen, die bereits von Berufs wegen eine Dienstleistung (nicht notwendigerweise Social Media Management) erbringen, die kleine und lokale Unternehmen gebrauchen können. Menschen, die in ihrer aktuellen Agentur nicht mehr am Ende der Nahrungskette stehen möchten. Diesen kann der Agentur-Ansatz eine neue Heimat bieten.

Zusammenfassung

Das Agentur-Business ist nicht für Anfänger geeignet. Es gibt bessere Wege, um in die Selbstständigkeit zu starten und die ersten Erfahrungen im Internet zu sammeln.

Zum Start empfehle ich ein professionelles Coaching, weil

sonst schnell zwischen Angebotsformulierung, Kundenansprache, Online-Marketing, PPC-Werbung[4] und Leistungserbringung die Klarheit und Übersicht verloren geht.

Startkapital ist abseits vom Coaching selten notwendig und wenn, dann nur für Softwarelizenzen sowie Werbung über Google oder Facebook.

Meiner Meinung nach, Agentur-Coaches mögen mir widersprechen, wirkt sich ein solches Business niemals positiv auf die persönliche Freiheit aus. Außer natürlich Agentur-Coach, der anderen diesen Ansatz beibringt.

Modell Quick-Check "Agentur"

Einsteiger-Kategorie		
B	**Startkapital**	Hoch
	Risiko	Mittel
	Dauer Aufbau	Kurz - Mittel
	Freiheitsgrad	Gering
	Arbeit pro Woche	Mittel - Hoch
	Umsatzpotenzial 1. Jahr	Hoch

Domains (B)

Es ist eine verlockende Idee eine Domain, also die Adresse einer Website zu reservieren und dann gewinnbringend weiterzuverkaufen. So als würde man auf dem Flohmarkt ein altes Bild für 5€ kaufen und es dann bei Bares für Rares für 500€ an den Höchstbietenden abgeben.

Das ist der grundsätzliche Gedanke des Domain-Business. Es wird hierzulande noch nicht ganz so oft dafür Werbung gemacht, zählt aber in jedem Fall zu den Online-Business Modellen.

Wer beginnt sich für Domains zu interessieren, der stellt allerdings schnell fest, dass viele gute Domains bereits vergeben sind. Prüft man diese, dann sind sie gar nicht bewirtschaftet, sondern liegen nur auf Halde, bis es für sie einen Interessenten gibt. Sie sind also geparkt und enthalten entweder einen Hinweis über den Verkauf oder Werbeanzeigen. Es ist also keine echte Website dort zu finden, sondern nur ein Platzhalter. Wenn sich dann ein Interessent findet, können je nach Domain schon mal x-tausend Euro als Preis aufgerufen werden.

Ich finde am Domain-Business sehr interessant, dass es viel Kreativität erfordert, neue, lukrative Domain-Namen aufzuspüren und dann über einschlägige Marktplätze zu verkaufen.

Als Vorlage dienen technische Trends, die täglichen Nachrichten, gesellschaftliche Entwicklungen oder Kultur. Man braucht „nur“ seine Augen und Ohren offen zu halten.

Wenn sich zum Beispiel in der Jugendsprache ein neues Wort durchsetzt, könnte es lohnend sein dieses als Domain zu reservieren. So geschehen beim Wort „merkeln“ und der Domain „merkeln.de“. Diese wurde gesichert und wartet nun auf einen Abnehmer.

Aber auch alte, stillgelegte, nicht weiter bewirtschaftete Websites können auf- und weiterverkauft werden. Domain-Händler spekulieren auch auf Domains die in nächster Zeit frei werden und dann erneut reserviert werden können. Das hat drei Gründe:

1. Einerseits könnte es sein, dass bereits andere Websites auf die Domain verlinkt haben und deswegen eine Vielzahl von Backlinks[1] vorliegen. Backlinks sind das Gold jeder Suchmaschinenoptimierung.
2. Andererseits geht es um das Alter der Domain. Besonders alte Domains erhalten in der Suchmaschinendarstellung ebenfalls einen kleinen Sichtbarkeitsbonus.
3. Wenn es sich zudem noch um eine möglichst sprachlich natürliche Domain handelt wie z. B. essenbestellen.de oder werkstattfinden.de, dann ist die Wahrscheinlichkeit hoch, dass die Website auch ohne Suchmaschinen gefunden wird.

Bei einer Domain, auf die alle diese drei Dinge zutreffen, kann man davon ausgehen, dass sie sich für einen hohen Preis verkaufen wird.

Längst wird der Markt aber auch hier von Agenturen beherrscht, die ausgeklügelte Technik verwenden, um neue Domains aufzuspüren und automatisiert für sich zu registrieren.

Auch die Hosting-Anbieter für Websites bleiben nicht untätig und lassen ihrerseits besonders prägnante Domainnamen schützen. Sie verkaufen sie dann unmittelbar über ihre Domain-Suche. Mitunter kommt es sogar zu Auktionen bei der an den Meistbietenden verkauft wird.

Zum Beispiel kostet die Domain „ihrzweitesstandbein.de" aktuell bei IONOS® 1.750€. Die Domain „leerstand.de" kostet sogar über 5.500€. Solche Domains eignen sich nicht für Hobbyprojekte, sondern adressieren ganz klar einen gewerblichen Zweck. Allerdings kann eine Domain noch so gut sein, wenn das Modell dahinter nicht funktioniert, wird das nichts am fehlenden wirtschaftlichen Erfolg ändern. Eine Domain allein ist kein Erfolgsgarant.

Unabhängig davon ist es sehr einfach in den Domain Handel einzusteigen. Für dieses Buch habe ich extra ein paar Domains für 50,00€ über den Anbieter 1&1® reserviert. Unter anderem die Domain „traderguru.de" und „mindsetguru.de". Im nächsten Schritt habe ich mich auf dem Marktplatz sedo.com angemeldet und diese Domains zum Verkauf eingerichtet. Um zu beweisen, dass diese in meinem Besitz sind, musste ich in der Admin-Oberfläche von 1&1® noch sogenannte DNS-Einträge anpassen. Eine Anleitung, wie das funktioniert liefert sedo.com mit. Anschließend prüft der Marktplatz diesen Eintrag und gibt meine Domains für den Verkauf frei. Pro Domain habe ich mal 250€ als Verkaufspreis angesetzt. Dieser ganze Vorgang dauerte knapp 45 Minuten. Was es bringt, wird sich zeigen.

Eine der Schwierigkeiten im Domain-Business ist das Finden von Domain-Inhabern. Früher war es für .de-Domains noch Vorschrift, den Inhaber per Klarnamen über eine sogenannte Whois-Abfrage[2] bei der Denic[3] kenntlich zu machen. Mit zunehmenden Verschärfungen im Datenschutz ist das nun nicht mehr gewünscht und so bleibt oft offen, wem eine konkrete .de-Domain tatsächlich gehört.

Zusammenfassung

Der Domain-Handel ist kein Business, welches sich für Anfänger eignet. Auch wenn mein Beispiel zeigt, wie schnell man damit anfangen kann. Natürlich kann man es mal ausprobieren, doch die Erfolgschancen sind sehr gering. Immerhin braucht es einen sehr spezifischen Interessenten für die jeweilige Domain und das Domain Angebot muss vielen Menschen präsentiert werden, um diesen zu finden.

Natürlich aber ist es einfach eine Domain zu schützen und diese dann anschließend z. B. bei ebay-Kleinanzeigen zu verkaufen, aber große Umsätze sind hier erst mal nicht zu erwarten.

Wer ernsthaft beim Domain-Business mitmischen will, kommt um professionelle Beratung und Coaching nicht herum. Auch kann es vorkommen, dass sowieso schon teure Premiumdomains gekauft und weiterverkauft werden. Für diesen Fall braucht es mindestens 2.000 - 6.000€ Startkapital und niemand kann einem sagen, wann die Domain wieder verkauft werden kann.

Beim Freiheitsfaktor kommt es auf die Höhe der Umsätze im Domain Handel an, wie sehr es dem persönlichen Freiheitsgrad zuträglich ist und wie viel Zeit tatsächlich investiert werden muss.

Modell Quick-Check "Domains"

Einsteiger-Kategorie		
B	**Startkapital**	Mittel - Hoch
	Risiko	Hoch
	Dauer Aufbau	Mittel
	Freiheitsgrad	Hoch
	Arbeit pro Woche	Gering - Mittel
	Umsatzpotenzial 1. Jahr	Mittel - Hoch

Dropshipping (B)

Unter Dropshipping werden Dienstleistungen verstanden, die mit dem Verkauf von Waren online zu tun haben. Verkäufer, die Dropshipping Dienstleistungen nutzen haben weder etwas mit der Produkterstellung, der Beschaffung, dem Versand, der Retoure oder sonst irgendwas, was auf dem Weg vom Hersteller oder zum Kunden zu tun.

Sie haben maximal ein digitales Schaufenster mit Abbildungen von Produkten anderer Hersteller zu einem bestimmten Thema. Sie sind damit so etwas wie Vermittler oder auch Zwischenhändler.

Grundsätzlich unterscheiden wir zwei Arten beim Dropshipping:

- Dropshipping mit eigenem Warenbestand - es wurde also wirklich Ware gekauft, eingelagert und nun wird diese aus diesem Lager heraus verkauft. Das bringt Verpflichtungen mit sich. Zum Beispiel immer neue Ware zu bestellen und für deren Lagerhaltung zu bezahlen.
- Und Dropshipping ohne eigenen Warenbestand - in

> diesem Fall übernimmt der Produzent oder Zwischenhändler den Versand für dich. Auch wenn das Paket damit mehrere Ländergrenzen überqueren muss, um vom Paketboten über die Schwelle des Hauses getragen zu werden. Zum Beispiel vom Land der aufgehenden Sonne direkt nach Castrop-Rauxel.

Meiner Meinung nach ist Dropshipping aufgrund seiner steuerlichen und rechtlichen Probleme kein Modell, welches sich für Anfänger eignet. Damit anzufangen ist technisch relativ einfach, fachlich für Einsteiger aber schwer zu durchblicken. Auch wenn Gegenteiliges konstant behauptet wird.

Allein die rechtlichen Implikationen bei einem Online-Shop in puncto Urheber-, Marken- und Wettbewerbsrecht haben so manchem frischen Dropshipper Abmahnungen beschert.

Was viele bei diesem Business vergessen: Sie übernehmen die volle Haftung für die angebotenen Waren. Wenn also eine teuer verkaufte Handyhülle aus China beim Endkunden eine seltene Hautkrankheit auslöst, so haftet der Verkäufer dafür und nicht der Hersteller, welcher in dem Fall sowieso schwer fassbar wäre. Selbst wenn der Verkäufer die Haftung versucht rechtlich weiterzureichen.

Deswegen gibt es im Dropshipping auch das ungeschriebene Gesetz, sich nicht mit Warengruppen zu beschäftigen, die erhöhte Haftungsrisiken haben. Kinderspielzeug zum Beispiel. Niemand möchte es sich leisten, dass giftiges Kinderspielzeug unter Umständen im Mund des kleinen Lutz aus Bielefeld landen und dort rundgelutscht werden.

Eine Eigenheit des Dropshipping-Business sind hohe Umsatzzahlen, welche sich natürlich perfekt für Werbung für dieses Modell eignen. Die Umsätze erzählen allerdings nicht die ganze Geschichte. Oft verheimlichen sie, welche Kosten für Werbung, Steuern, Lagerhaltung und Zwischenhändler etc. abgezogen werden müssen. Hier schmelzen selbst Millionenumsätze schnell auf kleine Erlöse zusammen.

Rechenbeispiel

Angenommen wir verkaufen spezielle Dichtungsringe auf einem Marktplatz für 5€ das Stück. Wir haben zuvor 1.000 dieser Dichtungsringe gekauft und eingelagert. Die Ware hat 1.000€ gekostet und musste für 100€ transportiert und für 100€ verzollt werden.

Wir lassen die Ware bei einem Dropshipping Dienstleister einlagern, der sich fortan um Verpackung, Versand und Retoure kümmert. Wir sind nur noch für den Shop und Nachbestellungen verantwortlich.

Pro Einheit werden 0,50€ Lagerkosten abgezogen, sowie 1€ für Verpackung und Versand. Außerdem schalten wir bezahlte Werbung auf unsere Dichtungsringe. Pro Verkauf kostet das ebenfalls 1€.

Somit ergibt sich folgende Rechnung: Dem Umsatz von Dichtungsring von 5€ werden 1,20€ für Herstellungskosten, Transport und Verzollung abgezogen. Der Dropshipping Dienstleister zieht weitere 1,50€ für Lagerkosten und Verpackung und Versand ab. Geschaltete Werbung kostet ebenfalls 1€. Es bleibt ein Erlös von 1,30€, der noch versteuert werden muss.

Es gibt mittlerweile Agenturen, die hochwertige Produkte designen, zusammen mit dem Kunden produzieren lassen und sich über alle Belange der Lieferkette kümmern. Bis hin zum Auftritt im eigenen Webshop oder auf einer Handelsplattform. Mit dem nötigen Kleingeld ist es möglich, ein fertiges Online-

Business zu kaufen. Zum Beispiel, wenn ich Regenmäntel für Hunde verkaufen möchte, baut die Agentur den kompletten Betrieb auf. Von A-Z.

Fast wie bei einem Franchise einer bekannten deutschen Bäckereikette an einer Bus- und Bahnhaltestelle. Es ist jedoch nicht unüblich, dass dieser Aufbau einen niedrigen 5-stelligen Betrag kostet. Ich hatte schon Menschen in meinen Erstgesprächen, die ein Online-Business starten wollten, um genau dieses Kapital aufzubringen.

Die verbundenen Risiken sind enorm. Selbst wenn eine Agentur die Geschäfte in die Hand nimmt und das eigene Dropshipping Business aufbaut, braucht es nur:

- eine Sperrung des Marktplatzes (also zum Beispiel bei Amazon),
- Schwierigkeiten beim Zoll (Urheberrechtsverletzungen),
- mangelhafte Ware (massenhafte Retouren, schlechte Bewertungen, defekte und damit unverkäufliche Ware)

und schon ist der Traum vom Online-Business ausgeträumt, die Kosten aber bleiben.

Ohne Kapital ein solches Business aufzubauen, ist also fast unmöglich, sofern einem die oben genannten Haftungsrisiken und der kleine Lutz wichtig sind.

Zusammenfassung

Dropshipping wirkt sehr verlockend. Es birgt aber seine Herausforderungen und ist definitiv nicht für Anfänger geeignet. Wer allerdings eine langgehegte Liebe zu physischen Produkten hegt und sich mit dem Einzelhandel verbunden fühlt, der kann im Dropshipping vielleicht die Liebe seines Lebens finden.

Wenn überhaupt, sollte dringend ein Coach mit entsprechenden Referenzen hinzugezogen werden. Aber auch nur, wenn einem Online-Marketing und generell digitale Geschäftsmodelle nicht gänzlich fremd sind. Das reduziert die Gefahr sein teuer erspartes Geld zu verlieren, schützt aber auch nicht vollständig davor.

Wie bereits beschrieben, Startkapital ist absolut notwendig. Ein niedriger 5-stelliger Betrag ist für die Beauftragung einer Fullservice-Agentur mindestens notwendig.

Wenn ein Dropshipping-Business aber erst mal erfolgreich läuft und skaliert, dann ist der Freiheitsgrad auch sehr hoch.

Modell Quick-Check "Dropshipping"

Einsteiger-Kategorie		
B	**Startkapital**	Mittel - Hoch
	Risiko	Hoch
	Dauer Aufbau	Kurz - Mittel
	Freiheitsgrad	Hoch
	Arbeit pro Woche	Mittel
	Umsatzpotenzial 1. Jahr	Hoch

Informationsprodukte (B)

Informationsprodukte sind ein Klassiker unter den Online-Business Modellen.

Dabei handelt es sich um digitale Produkte wie Online-Kurse oder auch E-Books. Also Produkte, die nur aus 0 und 1 bestehen, aber nicht physisch im Regal zu finden sind.

Bei Informationsprodukten geht es in erster Linie um die Vermittlung von Informationen und praktischem Wissen. Früher war es Institutionen vorbehalten ihr Wissen aufzubereiten und in Kursen oder Klassen zu teilen.

Mancher erinnert sich an den Telekolleg im Fernsehen oder einen Volkshochschulkurs. Das hat sich über die Jahre verändert. Die Digitalisierung erlaubt auch Otto-Normalverbraucher sein Wissen in Form eines digitalen Produkts zu teilen. Das hat Charme, denn so wird ungefiltertes Praxiswissen für die Mengen verfügbar und schlussendlich auch anwendbar. Wir lernen schneller voneinander. Einfach vom heimischen Rechner aus. Zumindest in der Theorie.

Gerade aber die geringen Anforderungen an ein digitales Produkt sind ein Problem. Die meisten Informationsprodukte sind von schlechter Qualität und haben keinen didaktischen

Hintergrund[1]. Sie scheitern deswegen daran, das notwendige Wissen für eine Fähigkeit adäquat zu vermitteln.

Bei Informationsprodukten ist es egal, wie oft sie sich verkaufen. Der Aufwand in der Herstellung ist immer der Gleiche und das genau macht sie auch so verlockend.

Rechenbeispiel

Wenn ein E-Book 10 Stunden in der Erstellung benötigt und sich daraufhin 2.000x für 0,99 Cent verkauft, ergibt sich ein lukrativer Stundenlohn von knapp 200€.

Ein Online-Kurs mit Gruppencoaching kann leicht mal über 500€ kosten. Wird dieser 30x verkauft pro Jahr sind das 15.000€ Umsatz. Natürlich ist diese Rechnung nicht ganz ehrlich, weil sie eine volle E-Mail-Liste oder dergleichen voraus setzt. Wird Werbung geschaltet, schmilzt der Umsatz ganz schnell zu einem sehr kleinen Gewinn.

Gut laufende Informationsprodukte können auch als eigens geschaffene Vermögenswerte[2] gesehen werden, die stetig Rendite abwerfen. Das gilt natürlich für Unternehmungen jeder Art. Deswegen ist ihre Vermarktung mindestens genauso wichtig wie ihre Erstellung.

Außerdem können Informationsprodukte asynchron konsumiert werden. Also dann, wenn die Zielgruppe dafür Zeit hat. Der Zuschauer oder Leser kann nach seinen zeitlichen Ressourcen die Inhalte aufnehmen und muss sich nicht nach anderen Teilnehmern oder dem Kursleiter richten.

Oft sind diese Asynchronität[3] und fehlende Verpflichtung zur Präsenz ein Problem. Genau wie Gutscheine vergammeln dann gekaufte Online-Kurse ungenutzt in der Schublade. Ich selbst habe noch mindestens vier gute Programmierkurse unangetastet auf der Festplatte liegen und das schon seit Jahren. Anbieter wie Udemy® hosten mittlerweile Tausende von Online-Kursen für alle möglichen Themen und verkaufen diese oft für weniger als 20€ pro Kurs. Amerikanische Eliteuniversitäten haben ihre Vorlesungen sogar kostenfrei ins Netz gestellt. Selbst Google bietet in seiner Zukunftswerkstatt über 45 Expertenkurse zu allen möglichen Themen an. Natürlich kostenlos. Bei Facebook ist es ebenso.

Das Potenzial zur Wissensgewinnung ist also gigantisch. Leider aber werden günstige oder sogar kostenlose Inhalte auch deutlich weniger wertgeschätzt und damit in Anspruch genommen.

Speziell bei Videokursen kann ein höherer Aufwand in der Produktion der Inhalte geltend gemacht werden. Schließlich muss die ganze Technik, die Inhalte an sich und deren Struktur für die Zielgruppe leicht verständlich und verdaulich transportiert werden. Der Kern eines guten Informationsproduktes ist jedoch Zielgruppenkenntnis[4] und die didaktische Aufarbeitung[5] des Contents. Nicht die Technik.

Für ein perfektes Informationsprodukt sollten für die echten Probleme der Kunden funktionierende echte Lösungen gefunden sein, bevor ein Online-Kurs überhaupt erstellt wird. Und wenn dieser gebaut wird, dann sollten die Informationen auch so aufbereitet werden, dass sie der Teilnehmer versteht und verarbeiten kann.

Genau das habe ich schon selbst falsch gemacht. Im Marketingtext klingt es super zu schreiben: „Wissen aus 6 Jahren in 4h zusammengefasst“. Der Kursteilnehmer ist aber dann ganz oft überfahren und überfordert von den vielen Inhalten und Denkanstößen. Deswegen gilt bei Informationsprodukten: weniger ist mehr. Viele Kursleiter machen das genau andersherum. Sie agieren nach der Vorstellung, dass "mehr" auch "mehr" bedeutet.

Allerdings ist das eine gute Nachricht. Denn das bedeutet, dass wir weniger Zeit in Inhalte und mehr Zeit in ihre Aufbereitung stecken müssen. Das entlastet.

Ein Informationsprodukt als Online-Kurs kann aus diversen Medien bestehen:

- PDFs,
- Videos,
- Audio-Aufnahmen,
- Interviews,
- Formulare,
- Quiz-Fragen,
- Schriftlichen Aufgaben,
- Gruppensitzungen und
- Einzelcoachings.

Diese Stilmittel in eine sinnvolle Kombination zu bringen ist anspruchsvoll.

Zusammenfassung

Informationsprodukte sind für Anfänger geeignet, weil sie "nur" ein Problem, eine Lösung und eine genaue Zielgruppe benötigen. Herausfordernd wird es, die echten Probleme der Zielgruppe zu erfahren und das Produkt zu vermarkten. Hier scheitern viele Einsteiger, wenn der erstellte Video-Kurs sich einfach nicht verkaufen will oder komplett am Bedarf der Kunden vorbeigeht.

Natürlich gibt es auch für Informationsprodukte Online-Coaches. Ich finde aber, jeder sollte es zumindest einmal allein versuchen, um daraus zu lernen. Ein entsprechendes Coaching kann immer noch aufgesucht werden.

Das Startkapital ist ebenfalls eher gering zu bemessen. Es ist mit Kosten für technisches Equipment zu rechnen und monatlichen Abo-Gebühren für Software, um den Kurs zu hosten. Auf das Jahr gesehen halten sich die Kosten im Rahmen.

Wenn der Kurs fertig ist und sich auch noch bei der Zielgruppe verkauft, dann kann sein Ertrag wesentlich zur persönlichen Freiheit beitragen und ist ebenfalls eine Form des Vermögenswertes.

Modell Quick-Check "Informationsprodukte"		
Einsteiger-Kategorie	**Startkapital**	Gering
B	**Risiko**	Gering
	Dauer Aufbau	Mittel
	Freiheitsgrad	Hoch
	Arbeit pro Woche	Gering - Mittel
	Umsatzpotenzial 1. Jahr	Gering - Mittel

Online Coaching (B)

Ein Coach oder auch Berater hilft Menschen ein bestimmtes Ziel zu erreichen und unterstützt sie bei der dafür notwendigen Transformation.

Ein Online-Coach macht dies hauptsächlich aus der Ferne über das Internet und nutzt dafür alle ihm zur Verfügung stehenden technischen Mittel. Das können Videokonferenzen, Online-Terminkalender und andere Online-Business Modelle sein, wie E-Books, Online-Kurse, Events oder sogar eigens erstellte Softwarekomponenten. Alles was notwendig ist, um die Probleme der Kunden bestmöglich zu lösen.

Coaches haben nicht den besten Ruf im Internet. Das hat mehrere Gründe. Einerseits ist für das Führen des Titels "Coach" keine gesonderte Ausbildung notwendig. Jeder kann sich also "Coach" nennen. Das führt zu großen Qualitätsunterschieden. Es gibt einfach keinen gemeinsamen Standard. Keinen unabhängig beurteilbaren Wissensstand über Vorgehensweisen, Methoden und pädagogischen Vorwissen.

Zudem stehen Coaches vor der Herausforderung ihre Leistung gegenüber Kunden irgendwie bemessen zu müssen. Viele schießen dabei mit hochpreisigen Produkten (jenseits der

10.000€) weit über das Ziel hinaus, während sich andere im Niedrigpreissegment auf Stundenbasis abstrampeln.

Für mich ist ein Coach zunächst nur ein Mensch, der anderen bei einem bestimmten Problem helfen möchte. Menschen, die das tun wollen, sich aber nicht als Coach fühlen, sind oft sogar die besseren Coaches. Sie sind oft von Selbstzweifeln geplagt und dem Glauben, nichts anbieten zu können. Was nicht stimmt. Genau aber dieser Irrtum lässt sie ihre Hilfestellung immer wieder reflektieren und verbessern.

Mir wird regelmäßig entgegnet, dass es ja bereits genug Coaches in der Welt gäbe und ob es sinnvoll ist, sich zu dieser Menge hinzuzählen. Meine Gegenfrage ist, ob es auch schon genug Menschen auf der Welt gäbe, die anderen helfen möchten. Die Antwort auf diese Frage ist immer die Gleiche. Natürlich nicht. Daher kann ich nur begrüßen, wenn jemand den Wunsch hegt, sein Wissen zu vermitteln und andere Menschen aktiv bei der Erreichung ihrer Ziele zu unterstützen.

Mittlerweile gibt es ganze YouTube-Kanäle, die sich mit der „Enthüllung“ von hochpreisigen Business-Coaches beschäftigen, die ihre Kunden angeblich übers Ohr hauen. Abgeleitet wird das aus den Marketing-Methoden des Coaches und dessen Preis. Deswegen will ich hier kurz auf die hohen Preise bei Online-Coachings näher eingehen.

Einerseits ist der vertriebliche Aufwand zum Verkauf eines hochpreisigen Coaching-Programms fast genauso hoch wie der Aufwand zum Verkauf einer niedrigpreisigen Dienstleistung. Das klingt zunächst seltsam, ist aber eine Erfahrung, die ich mehrfach gemacht habe.

Oft ist der Verkauf eines 7,99 E-Books wesentlich schwieriger als der Verkauf eines 499€ Online-Kurses. Und zwischen einem 3.000€ und einem 5.000€ Coaching-Programm besteht fast gar kein Unterschied mehr. Wobei beides ernsthafte Investments sind.

Deswegen erscheint es vielen Coaches lukrativer sich direkt

ohne Umwege auf das Hochpreissegment zu konzentrieren. Selbst wenn ihre eigentliche Leistung diesen hohen Preis nicht rechtfertigt.

Auf der anderen Seite haben wir alle als Kunden ein Problem damit, günstige Produkte und Dienstleistungen zu wertschätzen und den Wert in ihnen zu sehen. Getreu dem Motto: Was nichts kostet, ist auch nichts.

Ein Online-Kurs, der 20€ kostet, verschwindet schnell in der Versenkung und wird nie wieder angefasst. Selbst wenn er das Potenzial hat, das gesamte Leben positiv zu beeinflussen. Ein Online-Coaching für 9.000€ hingegen wird definitiv nicht in der Versenkung verschwinden. Dafür ist das Investment einfach zu groß und wenn doch, hätte der Coach wahrscheinlich sowieso nicht weiterhelfen können.

Aus unserer Wahrnehmung sind die Kosten für eine Dienstleistung auch immer ein Versprechen an ihr Ergebnis. Und so steht die Erreichung von Zielen in Coachings direkt auch mit dem aufgerufenen Preis in Beziehung.

Das ist ähnlich zu teuren Fitnessstudios. Menschen, die über 90€ pro Monat für eine Mitgliedschaft bezahlen, werden durchschnittlich bessere Ergebnisse erzielen. Also sportlicher, fitter und gesünder sein, als das bei einem Fitnessstudiomitglied für monatlich 9,95€ der Fall ist. Wohlgemerkt im Durchschnitt. Ausreißer gibt es in beiden Welten in die eine wie in die andere Richtung.

Es gibt Menschen, die hochpreisige Coachings als Betrug anprangern, nur weil sie besonders teuer sind. Das kann ich nicht nachvollziehen, denn die Kunden, die diese Beträge bezahlen, werden nur selten (ich hoffe eigentlich gar nicht) mit vorgehaltener Waffe dazu gezwungen. Betrug ist es erst dann, wenn Leistungen und Ergebnisse versprochen werden, die nachher nicht eingehalten werden.

Oft entstehen solche Vorwürfe, wenn die Teilnehmenden ein Coaching erfolglos verlassen. Deswegen ist es einerseits wichtig Vertrauen zum Coach zu haben und sich auf ihn einlassen.

Außerdem ist es andererseits als Coachee wichtig, sich nicht zurückzulehnen und den Coach machen zu lassen. Das ist zum Scheitern verurteilt.

Ist die Motivation zweifelhaft und will der Coachee an seinem Grundproblem eigentlich gar nichts ändern, können auch über 10.000€ Coaching-Gebühr nichts am fehlenden Resultat ändern.

Unabhängig von diesen Themen, kann ich nur jeden angehenden Online-Coach dazu ermuntern, mit anderen Menschen an ihren Zielen zu arbeiten. Das ist eine sehr sinnvolle und belohnende Arbeit, die ich persönlich nie wieder in meinem Leben missen möchte.

Zusammenfassung

Ein Coaching-Business ist definitiv nur für Anfänger geeignet, wenn sie bereits substanzielles Wissen in einem bestimmten Bereich haben, welches sie gerne vermitteln würden. Ohne das sollte sich zunächst ein Thema gesucht und Expertise (mehr als zwei Bücher) aufgebaut werden.

Wenn es ein hochpreisiges Coaching-Business sein soll, dann ist es sinnvoll selbst einen Coach dafür zu suchen. Es gibt viel bei Werbeanzeigen, Vertriebsstrategien, Leadgenerierung, Coaching-Prozess zu lernen. Ohne professionelle Unterstützung dauert das länger, als es müsste.

Das notwendige Startkapital würde ich auf min. 5.000€ bemessen. Das klingt viel, ist aber ein sehr gutes Polster, um auszuprobieren. Allein das Schalten von bezahlter Werbung auf Google oder Facebook wird einiges von diesem Budget verschlingen, bis die Anzeigen richtig laufen und Marketingmaßnahmen sowie Zielgruppe zueinanderpassen.

Zudem ist der Freiheitsfaktor im Coaching-Business für 1-2 Jahre sehr eingeschränkt. Es geht am Anfang darum, die Zielgruppe kennenzulernen und echte Problemlösungen zu entwickeln, die dann zunehmend automatisiert werden.

Also zum Beispiel statt in einer 1:1 Session über einen Video-Kurs abbilden. Das ist nicht verwerflich, weil die Inhalte dann bereits so gut sind, dass es für den Coach wenig Gründe gibt, immer alles doppelt und dreifach zu wiederholen. Erst nach dieser Zeit steigt der Freiheitsgrad stetig an.

Modell Quick-Check "Online Coaching"		
Einsteiger-Kategorie	**Startkapital**	Mittel
B	**Risiko**	Gering
	Dauer Aufbau	Mittel - Lang
	Freiheitsgrad	Gering
	Arbeit pro Woche	Mittel - Hoch
	Umsatzpotenzial 1. Jahr	Mittel

Selfpublishing (B)

Grundsätzlich sind Selfpublisher zunächst Autoren, die ohne Verlag ein Buch veröffentlichen und es auf den bekannten Marktplätzen verkaufen.

Das geht auch ohne selbst Verfasser zu sein. Der gesamte Prozess der Bucherstellung kann an Freelancer ausgelagert werden. Selbst das Heraussuchen einer passenden Nische für das neueste Werk muss nicht eigenhändig übernommen werden. Alle Dienstleistungen, die zur Veröffentlichung notwendig sind, können über Freelancer eingekauft werden. Und gerade da liegt die Magie des Selfpublishings bzw. Amazon KDP[1] Business.

Es ergibt sich dann eine Produktionskette, in der Ghostwriter, Lektorat, Korrektorat, Buchsatz, Coverdesign und Testleser zusammenarbeiten und am Ende ein fertiges Buch vom Fließband purzelt. Fast wie bei der Montage eines Computers.

Es gibt erfahrene Buchersteller (oder auch Buchvermarkter), die sich eine solche Produktionsstraße gebaut haben. Sie bringen am Fließband neue Buchtitel auf den Markt und sind damit sehr erfolgreich. Sie koordinieren nur noch virtuelle Assistenzen, die die einzelnen Produktionsschritte überwachen und das jeweilige Buchprojekt in die nächste Phase überführen.

Im Selfpublishing gibt es zwei Glaubensrichtungen. Das sind einerseits die Ratgeber und Sachbuch-Autoren versus Roman und Belletristik-Schreiber. Sachbücher sind komfortabler in der Produktion, weil sie weniger von persönlichem Geschmack des Lesers abhängen. Es ist einfacher mit ihnen Mehrwert und eine treffende Problemlösung zu transportieren. Bei Romanen geht es nicht um Problemlösung, sondern um Entertainment. Für sie werden wesentlich mehr Seiten geschrieben und es braucht Dramaturgie, eine spannende Erzählung, um den Leser ans Buch zu fesseln. Sachbücher und Romane sind dabei Modeerscheinungen und Trends unterworfen. Während vielleicht auf der einen Seite Ratgeber zur richtigen ketogenen Diät von Springpferden boomen, sind es bei den Romanen eher dystopische Vampirwerwolf-Liebesromane.

Noch 2016 war es möglich mit einem Buch-Titel für ca. 300-600€ Herstellungskosten auf Amazon® erfolgreich zu sein. Die Qualität war entsprechend gering. Das Werk wurde aber dennoch gekauft. Wahrscheinlich auch deswegen, weil nun Wissen in viel kompakterer, direkterer Form aus erster Hand in Buchform verfügbar war. So die Idee. Stattdessen war es ein Glück, wenn der Ghostwriter dieses Werkes selbst wenigstens zwei Bücher zum Thema gelesen hatte oder der Sinn des Textes nicht in einem Übersetzungsschritt verloren gegangen war.

Heute, 2021 ist das nicht mehr so einfach. Der Markt wurde mit billigem Ramsch geflutet und infolgedessen vollständig gesättigt. Heute müssen pro Buch mindestens 1.000 - 2.500€ investiert werden, um im jeweiligen Thema wettbewerbsfähig zu sein. Das Ziel ist, die Werke auf Verlagsniveau zu produzieren und so aus der Masse an billigem Schrott hervorzustechen. Es werden dazu Nischen ausgesucht, in denen die existierenden Bücher Schwächen in puncto Cover, Preis und Inhalt haben.

Bei der Vermarktung ist zu beachten, dass Plattformen wie Amazon® mittlerweile ausschließlich Performance-Marketing[2] betreiben. Das bedeutet, starke Buchtitel werden gepusht.

Schwache Titel verschwinden nach einer Zeit Welpenschutz schnell in der anhaltenden Dunkelheit sechsstelliger Amazon Page Ranks[3].

Nicht zuletzt auch deswegen tobt ein unerbittlicher Kampf um positive Bewertungen der eigenen Druck-Erzeugnisse. Das nicht alle Kundenrezensionen auf natürlichem Wege entstehen, liegt auf der Hand. Unnötig zu sagen, dass es auch hier ein weites Feld an Agenturen gibt, die mit positiven Rezensionen weiterhelfen können. Ja, selbst Amazon® bietet eine Plattform für beauftragte Bewertungen namens Amazon Vine an.

Jetzt noch ein letzter Faktor, der unbedingt im Selfpublishing Business bedacht werden sollte. Manchmal nutzen Wettbewerber in der eigenen Nische die Mittel einer schlechten Kundenbewertung, um Bücher in den Verkäufen abstürzen zu lassen. Der magische Wert für einen verkaufsfördernden Bewertungsschnitt liegt bei ca. 4,2 – 4,5 Punkten von 5. Sobald der Bewertungsschnitt darunter liegt, fällt auch die Anzahl der Verkäufe rapide.

Die Sternebewertungen genießen bei Endkunden noch immer eine hohe Relevanz, spiegeln aber nicht notwendigerweise die Qualität des Werkes wider. Da es hier um Umsätze geht, kennen manche kein Fair Play und eliminieren die Konkurrenz mit einem Shitstorm an schlechten Bewertungen. Gegen diese vorzugehen ist schwierig bis unmöglich.

Zusammenfassung

Selfpublishing ist für Anfänger gut geeignet, sollte aber von einem Coach begleitet werden. Aber selbst ohne kann es mit viel Recherche und dem notwendigen Spielgeld ein lehrreicher Einstieg in ein Online-Business sein. Allerdings sollten die wirtschaftlichen Erwartungen dann sehr niedrig gesetzt werden. Ein Startkapital von min. 5.000 - 6.000€ für das erste Buch inklusive Coaching und Werbung sollte vorhanden sein.

Wenn die Produktionsstraße erst mal läuft, dann ist der Freiheitsfaktor groß. Nicht zuletzt ist auch dass der Grund, warum Selfpublishing sich noch immer so großer Beliebtheit erfreut. Ein weiterer positiver Faktor ist der Stolz, der einen erfüllt, wenn ein eigenes Buch plötzlich im (virtuellen) Regal steht.

Modell Quick-Check "Selfpublishing"		
Einsteiger-Kategorie	**Startkapital**	Mittel
B	**Risiko**	Hoch
	Dauer Aufbau	Mittel
	Freiheitsgrad	Hoch
	Arbeit pro Woche	Gering
	Umsatzpotenzial 1. Jahr	Mittel

T-Shirts (B)

Letztendlich ist das sogenannte T-Shirt Business eine Art Dropshipping, auch wenn hier keine Ware beschafft wird.

Der Fokus liegt allerdings nicht auf dem Verkauf ganzer Kleidungsstücke, sondern auf der Erstellung von entsprechenden Motiven auf T-Shirts oder anderen Textilwaren.

Versender wie zum Beispiel Spreadshirt® oder Amazon® mit seiner Merch Plattform übernehmen die Distribution dieser T-Shirts unter Verwendung von "Print-on-Demand"[1].

Vom Verkäufer wird ausschließlich das digitale Bild geliefert. Wenn ein T-Shirt mit diesem Motiv bestellt wird, wird es exklusiv für den Kunden bedruckt und verschickt. So fallen keine Lagerkosten an.

Deswegen kostet ein sonst günstiges unbedrucktes T-Shirt auch plötzlich zwischen 20 und 35€. Anbieter wie Redbubble® treiben das Ganze auf die Spitze und ermöglichen diverse mit dem Motiv bedruckte Waren. Vom Duschvorhang bis zum Mini-Rock ist alles möglich.

Dieses Business lebt von der Originalität und Aktualität der Motive und ist deswegen ein stetiger Kampf um die besten Ideen zu Feiertagen, Lebensanlässen, Modeerscheinungen und sogenannten Internet Memes.

Wer nicht selbst Grafiken designen möchte oder kann, beauftragt Designer, die diesen Job gerne übernehmen (siehe dazu Freelancer und virtuelle Assistenz). Damit hier aber noch Gewinne erzielt werden können und die Herstellungskosten für Grafiken niedrig bleiben, greifen die Verkäufer auf Designer aus Ländern zurück, die geringere Lohnnebenkosten haben. Hier ist also auch wieder ein Arbitrage-Modell am Werk.

Mit dem Einsatz von ortsansässigen Designern wären viele Spreadshirt®-Verkäufer wahrscheinlich niemals in der Gewinnzone, schon gar nicht, wenn sie eine richtige Agentur beauftragen würden. Das zeigt, dass manche Online-Business Geschäftsmodelle erst durch die Globalisierung möglich werden.

Neben der Qualität und Originalität zählt aber auch Quantität. So laden ernsthafte Player im T-Shirt-Business dutzende Designs in der Woche hoch, um sich gegenüber dem Wettbewerb durchzusetzen. Ein einzelner Designer mit Qualitätsanspruch vermag diese Taktzahl nicht lange durchzuhalten.

Das T-Shirt-Business ist sehr dem persönlichen Geschmack und Moden der Zielgruppe unterworfen. Betreiber eines solchen Business brauchen ein Gespür dafür, was gerade getragen und was konkret gesucht wird. Deswegen sind erfolgreiche T-Shirt-Seller auch sehr vertraut mit Google Trendanalysen und haben immer einen Feiertagskalender in der Schublade.

Ein Problem, welches nicht nur dem T-Shirt-Business innewohnt, ist das hier eine Abhängigkeit zur jeweiligen Plattform eingegangen wird. Wenn sich zum Beispiel Spreadshirt® entscheidet, dass ein Regelverstoß vorliegt, weil ein Motiv als Urheberrechtsverletzung erkannt wurde, kann ganz schnell der gesamte Shop geschlossen sein. Die Folge: Die Einnahmen sinken auf null.

Mit einem eigenen Shop wäre das nicht passiert. Das schützt aber natürlich auch nicht vor Abmahnungen wegen Urheberrechtsverstößen. Zudem verfügt ein eigener Shop nicht über die notwendige "Print-on-demand"-Infrastruktur und ist zur Lagerhaltung von bedruckten T-Shirts gezwungen.

Glücklicherweise gibt es immer mehr Dienstleister, die diese Lücke füllen. Sie bieten eine solche Infrastruktur an und kümmern sich ebenfalls um Verpackung, Versand und Retouren. Die Ähnlichkeiten zum Dropshipping sind damit nicht zu leugnen.

Zusammenfassung

Dieses Modell ist für Anfänger geeignet, weil es sehr einfach ist ein eigenes Design zu erstellen (bzw. erstellen zu lassen) und hochzuladen. Sobald es hochgeladen wurde, wird es aber oft von der schieren Anzahl anderer Uploads verschüttet.

Spezielle Coachings sind mir hier nicht bekannt, wird es aber geben. Wer richtig einsteigen will, sollte Spielgeld mitbringen und direkt mit Designern kooperieren oder Fähigkeiten in diesem Bereich haben. Das hilft um Briefings[2] zu erstellen und die Qualität der Ergebnisse einschätzen zu können.

Ich schätze 1.000€ sind ein guter Start, um die ersten Gehversuche zu machen. Dadurch, dass wenige Zwischenschritte zwischen Design, Erstellung und Upload gemacht werden müssen, ist der Freiheitsgrad durchaus attraktiv.

Modell Quick-Check "T-Shirts"		
Einsteiger-Kategorie	**Startkapital**	Mittel
B	**Risiko**	Mittel - Hoch
	Dauer Aufbau	Kurz - Mittel
	Freiheitsgrad	Hoch
	Arbeit pro Woche	Gering
	Umsatzpotenzial 1. Jahr	Gering - Mittel

Closing (C)

Als Nächstes schauen wir uns das sogenannte Closing Business an. Unser erstes C-Modell. Gemeint sind damit Vertriebsmitarbeiter, die qualifizierte Leads[1] (also Interessenten eines Angebotes) abtelefonieren und versuchen, ein hochpreisiges Coaching oder eine Dienstleistung zu verkaufen.

Rechenbeispiel

Sie erhalten dafür im Schnitt 10-20 % Provision. Bei einem Coaching Programm oder einer Dienstleistung von 5.000€ können das also für eine Stunde Telefonat schon 500-1.000€ Provision sein. Wer somit 10 Leads pro Woche „closed" kommt auf einen Monatsumsatz von min. 20.000€.

Da es immer mehr hochpreisiges Coaching gibt (siehe dazu Coaching-Business), braucht es infolgedessen auch immer mehr

Vertriebsmitarbeiter, die diese Coachings verkaufen. So ist das Closing, genau wie das nachfolgende Modell des Copywritings, eine direkte Folgeerscheinung anderer Online-Business Modelle.

Der Verkauf am Telefon funktioniert dabei immer gleich. Zugrunde liegt ein Verkaufsskript, welches auf die Dienstleistung und die Zielgruppe zugeschnitten ist. Es verläuft in Phasen und hat zum Ziel, tief liegende Probleme des potenziellen Kunden zu identifizieren und mit dem Coaching-Programm oder der Dienstleistung als Lösung zu verknüpfen.

Dabei werden mehr oder weniger offensichtliche psychologische Handgriffe angewendet, um den Kunden zu einer Entscheidung zu bewegen. Der Closing-Prozess ist darauf ausgelegt den Kunden emotional zum Kauf zu bringen. Denn auch wenn wir es gerne anders hätten, wichtige Entscheidungen trifft der Mensch oft aus dem Bauch und nicht aus mentaler Rationalität.

Die Winkelzüge im Gespräch können soweit gehen, dass das Angebot künstlich verknappt wird und gleichzeitig preisliche Anreize gesetzt werden, um den Kunden aus der Komfortzone zu locken. Jeder hat das schon gehört, wenn das günstige reduzierte Angebot nur noch für kurze Zeit verfügbar ist. Ich will das hier gar nicht bewerten.

Meiner Meinung nach ist es oft auch notwendig, um den Gesprächspartner in den Transformationsprozess zu bringen. Zumal, wenn man selbst wirklich felsenfest vom Wert der eigenen Problemlösung überzeugt ist. Eine künstliche Verknappung spiegelt da vielleicht nicht die Realität wieder, ist jedoch ein notwendiges Übel, um den Kunden in die Transformation von Ist zu Soll zu bringen. Trotzdem hat alles seine Grenzen.

Im Closing-Business gilt die Regel, dass die Wahrscheinlichkeit eines Abschlusses bzw. Verkaufes nach Auflegen des Telefons auf nur noch ca. 10% sinkt. Deswegen haben die Closer auch das Interesse den Verkauf direkt im Gespräch zu machen. Das funktioniert über Zahlungsabwickler, wie elopage, digistore24 oder auch swipe. Hierzu wird am Ende des Closing-Calls, sofern der Kunde ins Programm möchte, direkt der Zahlungslink per E-Mail verschickt.

Zusammenfassung

Auch das Closing-Business halte ich für den Einstieg in die Online-Welt für schwierig. Ich weiß, ich wiederhole mich. Wer verspricht mit dem Closing von Vertriebscalls sich schnell ein zweites Standbein und erfolgreiches Online-Business aufbauen zu können, der spielt mit den Erwartungen seiner potenziellen Kunden, muss diese m.E. aber irgendwann enttäuschen.

Closing bzw. Verkauf ist eine Fähigkeit, die erlernt werden muss und für die viel Praxis und Training notwendig ist. Man sollte sich Gedanken über seine Closer-Ethik machen und wieviel Druck tatsächlich guten Herzens ausgeübt werden kann. Meiner Meinung nach muss ein Closing-Gespräch immer auf Augenhöhe stattfinden.

Für diese Fähigkeit kann separates Coaching sehr sinnvoll sein, wenn man sowieso vertrieblich interessiert ist. Startkapital ist keines notwendig (außer für das Coaching natürlich) und der Freiheitsgrad beim Closing steigt nach langer Lern- und Durststrecke stetig an, wenn die ersten Provisionen reinkommen und den Zeiteinsatz überkompensieren.

Modell Quick-Check "Closing"

Einsteiger-Kategorie	**Startkapital**	Gering
	Risiko	Gering
	Dauer Aufbau	Kurz
C	**Freiheitsgrad**	Mittel
	Arbeit pro Woche	Mittel
	Umsatzpotenzial 1. Jahr	Mittel - Hoch

Copywriting (C)

Copywriting[1] ist die Fähigkeit, fesselnde Werbetexte („die Copy“) zu verfassen, die Kunden animieren eine gewünschte Aktion auszuführen. Also zum Beispiel auf 'Weiter' oder auf 'Jetzt Kaufen' zu klicken.

Im Grunde handelt es sich dabei um eine Dienstleistung, die eher im Freelancer Bereich angesiedelt ist. Trotzdem wird das Copywriting als selbstständiges Business-Modell beworben, weil es einem immer gleichen Schema folgt. Ähnlich zum Closing.

Neben allem technischen Fortschritt bleibt Sprache Informationsträger Nr. 1 für emotionale (Kauf-)Entscheidungen. Es hat sich die Erkenntnis durchgesetzt, dass nicht komplizierte Schnittstellen und ausgeklügelte Vertriebstrichter[2] Produkte verkaufen, sondern das geschriebene oder gesprochene Wort.

Deswegen ist es wichtig, potenzielle Kunden emotional anzusprechen. Gutes Copywriting verkauft nicht nur den nächsten logischen Schritt des Kunden, sondern überzeugt ihn auch von der Fachexpertise seines Gegenübers. Je besser wir zusammenfassen können, was das Problem unserer Kunden ist, desto mehr wird dieser uns einen Expertenstatus zugestehen.

Mit anderen Worten: Je besser ich ausdrücke, wie du dich

fühlst, desto mehr gehst du davon aus, dass ich dir auch helfen kann.

Copywriting ist aber keine einfache Fähigkeit. Auch wenn das gerne suggeriert wird. Es erfordert sprachliches Geschick, Methodik, Zielgruppenkenntnis und die Fähigkeit Menschen über Worte zu begeistern. Es gibt sehr gute (und dicke) Bücher sowie Kurse zum Thema Copywriting mit deren Studium mehrere Wochen gefüllt werden könnten.

Wer im Online-Business startet, tut sich schwer damit ansprechende Texte zu schreiben, oder wird es womöglich niemals richtig hinbekommen. Ich tue mich damit auch immer noch schwer, obwohl ich bereits so lange dabei bin.

Das kommt Agenturen für Copywriting gerade recht. Sie werben dafür, die Website oder andere Werbemittel auf Verkauf zu trimmen. Oft fehlt ihnen aber das Verständnis und die Zeit sich in die Zielgruppe ihrer Kunden hineinzudenken. Zielgruppen können sehr feingliedrig sein und jedes dieser Glieder eine andere Form der Ansprache erfordern. Es ist zum Beispiel ein Unterschied, ob ich 9to5-Aussteiger anspreche, die aus dem IT-Bereich kommen oder aus handwerklichen Berufen.

Auf der anderen Seite fehlt dem Auftraggeber das Verständnis, den Dienstleister sinnvoll lenken zu können. Schließlich will der "nur" einen verkaufenden Werbetext. Es entstehen Texte, die eher reißerisch statt charmant sind. Texte, die offensichtlich verkaufen sollen, aber genau deswegen bei der eigenen Zielgruppe auf tiefe Ablehnung stoßen und damit eher Schaden anrichten.

Natürlich fragt man sich, warum überhaupt jemand „Copywriting“ als Online-Business Modell verkaufen sollte. Der Grund ist einfach. Werbetexter werden gut bezahlt und ihr Vorgehen ist immer das Gleiche. Ich selbst habe für einen kurzen Absatz für ein Amazon-Listing schon mehrere hundert Euro bezahlt. Gerechnet hat es sich für mich nicht, aber ich habe mir sehr viel davon versprochen. Es muss meistens nicht viel Überzeugungsarbeit geleistet werden, um zu erklären, warum Copywriting benötigt wird. Viele versuchen ihre Verkäufe durch die richtigen Worte zu steigern. Die Nachfrage ist also groß. Durch hohe Preise werden große Umsätze möglich mit weniger Zeiteinsatz, und das reizt wiederum Einsteiger im Online-Business.

Zusammenfassung

Dieses Modell ist für Anfänger weniger geeignet, weil es eine Fähigkeit ist, die sich über Jahre entwickeln muss. Es sei denn, man hat dazu eine Ausbildung gemacht oder ist bereits beruflich in diesem Feld tätig.

Ein Coaching für dieses Modell (auch wenn es eigentlich keines ist) kann ich aber auch nicht empfehlen, weil es sich nicht um ein wirkliches Online-Business handelt. Es ist eine Freelancer Tätigkeit und maximal ein Agentur-Business. Außerdem werden einem nur die rudimentärsten Techniken beigebracht. Feinheiten des Copywritings bleiben außen vor.

Es wird kein Startkapital benötigt. Es sei denn das Modell sieht vor, Google oder Facebook Ads zu schalten. Der Freiheitsfaktor ist auch nicht besonders hoch, weil die Fähigkeit des Werbetextens immer eine Anwesenheit voraussetzt.

Modell Quick-Check "Copywriting"

Einsteiger-Kategorie		
	Startkapital	Gering
	Risiko	Gering
	Dauer Aufbau	Kurz
C	Freiheitsgrad	Mittel
	Arbeit pro Woche	Mittel - Hoch
	Umsatzpotenzial 1. Jahr	Mittel

Day-Trading (C)

Meiner Meinung nach handelt es sich beim Day-Trading nicht wirklich um ein Modell im Online-Business. Natürlich funktioniert es ausschließlich über das Internet, aber dennoch ist es keine Unternehmung an sich. Trotzdem wird Day-Trading oft mit Online-Business gleichgesetzt und auch so beworben. Das ist auch der einzige Grund, warum ich hier darauf eingehe. Also, Augen zu und durch!

Day-Trading ist der Handel von Finanzprodukten auf täglicher Basis. Einsteiger beschäftigen sich häufig ausschließlich mit dem sogenannten Forex[1], also dem Devisenhandel. Es werden Euro gegen Dollar oder andere Währungen getauscht in der Hoffnung durch steigende oder fallende Währungskurse einen Profit zu machen. Da ist sie wieder, die Arbitrage.

Rechenbeispiel

Zu Handelsbeginn werden für 1.000€ Yen zu einem Wechselkurs von 0,0077€ gekauft. Das entspricht dann

129614,26 Yen. Am Handelsende hat der Wechselkurs angezogen und liegt nun bei 0,0079€. Die gekauften Yen werden zurückgetauscht in Euro und erzielen 1.024€ und damit 24€ Umsatz. Von diesen muss noch die Handelsgebühr abgezogen werden.

Dieser Profit fließt direkt wieder auf das Konto, wird ausgeschüttet oder reinvestiert. Schon viele Day-Trader sind beim Versuch tagesaktuell zu traden in größere finanzielle Engpässe geraten. Ottonormalverbraucher stellt sich meist unter einem Trader einen aalglatten Börsianer im Anzug mit Bluetooth Headset vor, der auf offener Straße „KAUFEN! KAUFEN!" schreit. Das ist aber weit weg von der Wahrheit. Viele Menschen suchen im Day-Trading eine Lösung für ihre finanziellen Wünsche.

Wer gerne zockt, wird allerdings eher viel Geld auf dem Börsenparkett verlieren. Belohnt werden diejenigen, die mit Geduld und Zurückhaltung im internationalen Handel agieren und lieber erst mal zuschauen und versuchen zu verstehen. Auch ist es sinnvoll und dringend empfohlen sich einem Netzwerk von Tradern anzuschließen, die sich laufend über Kurse und ihre Trades austauschen. Es gibt mittlerweile Tonnen von Literatur zum Thema, die gelesen werden will (auch sehr viel aus dem Selfpublishing Bereich).

Wichtig ist der Wille sich auch komplexe Sachverhalte der Finanzmärkte einzuarbeiten und daran optimalerweise noch Spaß zu haben. Trotzdem muss der erneute Warnhinweis einfach sein. Mit Day-Trading kann man viel Geld in kurzer Zeit verlieren und wäre damit nicht der Erste und sicher nicht der Letzte.

Zusammenfassung

Definitiv nicht für Anfänger geeignet, die einfach drauflos handeln und es als eine Art Glückspiel betrachten. Mehr als ein Online-Casino ist es dann auch nicht.

Coaching und Mentoring sind beim Traden dringend angeraten, wobei ich zunächst auf Bücher und Informationsprodukte ausweichen würde. Erst wenn einen das Modell dann noch immer interessiert, kann sich ein Coaching-Programm rentieren.

Beim Startkapital sollte lieber höher eingestiegen werden. Mindestens 5.000€ Spielgeld sollten es sein, um ausreichend Puffer für Fehler zu haben. Die Auswirkung auf den Freiheitsgrad eines Day-Traders sind katastrophal. Irgendwo wird gerade immer irgendwie gehandelt. Und so hängen auch manche Day-Trader den ganzen Tag am Computer und studieren Kursverläufe, warten auf die richtigen Signale zum Kauf oder Verkauf. Freiheit stelle ich mir anders vor.

Modell Quick-Check "Day-Trading"

Einsteiger-Kategorie	Startkapital	Mittel
C	Risiko	Hoch
	Dauer Aufbau	Kurz - Mittel
	Freiheitsgrad	Gering
	Arbeit pro Woche	Mittel - Hoch
	Umsatzpotenzial 1. Jahr	Gering - Mittel

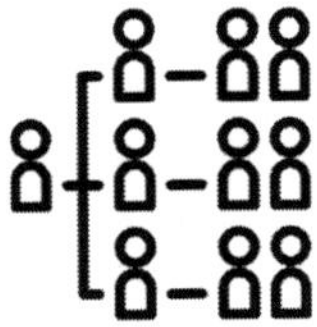

Network-Marketing (C)

Network-Marketing steht immer wieder in der Kritik. Auf YouTube gibt es eine Vielzahl von Enthüllungsreportagen über die Machenschaften von bestimmten Network-Marketing bzw. Multi-Level-Marketing Unternehmen. Dabei muss man vorsichtig sein und darf nicht einer gesamten Branche unrecht tun.

Für mich bedeutet Network-Marketing Verkauf in Reinkultur. Da sich viele mit eben genau diesem Thema schwer tun, umweht das Network-Marketing immer ein latent schlechter Ruf.

Network-Marketing kommt berechtigt in Verruf, wenn kein wirkliches Produkt in der Mitte des Marketings steht. Wenn der einzige Sinn und Zweck des ganzen Verkaufs ist, neue Menschen in das System hineinzuziehen und an diese Provisionen auszuschütten.

Vorsichtig sollte man zudem sein, wenn man aufgefordert wird auf Freunde, Familie und Verwandte zuzugehen, um diese zu überreden, ins jeweilige System einzusteigen. Das ist nur ein Trick, um das Modell einfacher aussehen zu lassen. Daran sind aber schon Beziehungen und Freundschaften zerbrochen. Und die Sache beginnt richtig zu stinken, wenn einerseits sich ewig vererbende Provisionen versprochen werden und andererseits der Start in das jeweilige Programm teuer erkauft werden muss.

In unseriösen Systemen werden Provisionen ausbezahlt, wenn ein neuer Kunde einen neuen Kunden wirbt, der einen neuen Kunden wirbt und man für jeden dieser Kunden in der Kette laufend Provisionen erhält. Ich hatte bereits das Vergnügen mit Menschen zu sprechen, die über ein solches System gut verdient haben, bis schlussendlich das Unternehmen schließen musste. Der Grund ist einfach. Bei dieser Vorgehensweise ist die Last der auszuzahlenden Provisionen irgendwann so hoch, dass das gesamte Vergütungskonzept zusammenbricht. Das System kannibalisiert sich.

Deswegen werden solche (schlechten) Multi-Level-Marketing Systeme auch Schneeballsysteme genannt. Wobei wie gesagt nicht jedes Network-Marketing oder Multi-Level-Marketing gleichzeitig auch Betrug ist.

Es gibt auch gute Player. Unternehmen, die Produkte anbieten, die auf bestimmte Bedürfnisse im Markt zugeschnitten sind und schon seit Jahrzehnten existieren. Tupperware®, Avon®, oder Amway® sind hier nur einige Beispiele.

Zusammenfassung

Wer vertriebliches Talent hat, aber kein eigenes Produkt, kann sich durchaus mit seriösem Network-Marketing ein Zubrot verdienen.

Professionelles Coaching macht nur in Form eines Verkaufstrainings Sinn. Nicht jeder ist ein geborener Sales-Profi.

Was das Startkapital betrifft, so kann es sein, dass hier Geld investiert werden muss, um Ware vom Hersteller abzukaufen. Das hängt aber ganz vom jeweiligen System ab.

Für Anfänger würde ich es nicht empfehlen in Vorleistung zu gehen, ist aber manchmal notwendig, um überhaupt für den Verkauf zugelassen zu werden.

Modell Quick-Check "Network-Marketing"		
Einsteiger-Kategorie	**Startkapital**	Gering
C	**Risiko**	Gering
	Dauer Aufbau	Mittel - Lang
	Freiheitsgrad	Gering
	Arbeit pro Woche	Gering - Mittel
	Umsatzpotenzial 1. Jahr	Mittel

Product Placements (C)

Das Placement Business hat als Dreh- und Angelpunkt Zielgruppenbesitz. Dieser Besitz kann über eine Liste mit E-Mail-Adressen oder Follower auf den sozialen Medien entstehen. Je mehr der eigenen Person oder Marke folgen, desto interessanter wird diese Gruppe für Werbetreibende. Das Placement Business ist eng verwandt mit Influencern[1]. Wobei Influencer Personenmarken sind. Ein reines Placement Business aber auch gut ohne eine solche Marke auskommt.

Dieses Konzept kann man sehr gut bei der Promotion neuer Selfpublishing Bücher beobachten. Es gibt Anbieter, die sich einen Stamm von Followern für günstige, reduzierte E-Books aufgebaut haben. Wer also sein neues Buch für einen reduzierten Preis zeitlich limitiert anbieten will, kann über diese Anbieter eine Werbung im Newsletter buchen.

Das ist im Vergleich zu Werbung auf Facebook oder Google noch relativ günstig. Ich habe zum Beispiel für eine Buchpromotion mal 80€ bezahlt und hatte infolgedessen über 5.000 Downloads des E-Books. Gerade zum Aufbau von Bekanntheit eignet sich das Placement Modell hervorragend.

Es ist allerdings sehr schwierig und ein zeitraubender Prozess eine solche Mailing- oder Followerliste aufzubauen. Das kann durchaus mehrere Jahre dauern. Auch unter Einsatz eigener bezahlter Werbung in sozialen Medien oder auf Google.

Zusammenfassung

Wer neu in den Bereich Online-Business einsteigt, hat noch keine Mailingliste oder große Followerschaft in den sozialen Netzen. Um eine aufzubauen muss man aber wissen, wie das ganze Online-Marketing überhaupt funktioniert und genau da beißt sich die sprichwörtliche Katze in den Schwanz.

Daher halte ich das Placement Modell nicht für einen guten Startpunkt. Professionelles Coaching ist in diesem Bereich eher unüblich und wer es wirklich darauf anlegt, sollte bereit sein, min. 2.000 - 5.000€ in bezahlte Werbung zu investieren. Wenn das Business dann erst mal läuft und Menschen Geldbetrag XY bezahlen, um platziert zu werden, dann kann dieses Modell sehr befreiend wirken, da dieser Prozess sich hervorragend automatisieren bzw. auslagern lässt.

Modell Quick-Check "Product Placement"

Einsteiger-Kategorie		
C	**Startkapital**	Gering
	Risiko	Gering
	Dauer Aufbau	Lang
	Freiheitsgrad	Hoch
	Arbeit pro Woche	Gering - Mittel
	Umsatzpotenzial 1. Jahr	Gering

Productized Services (C)

Ein Productized Service ist eine Dienstleistung, die einen physischem Produkt sehr ähnlich ist. Bei einem solchen Service ist vollkommen klar, was enthalten ist und was nicht. Weder für den Anbieter, noch für den Kunden gibt es großen Interpretationsspielraum bei der Leistungserbringung.

Viele Dienstleister können ein Lied davon singen. Wenn sie ihre Leistung erbringen, dann findet das oft kein Ende. Entweder verändern sich die Anforderungen des Kunden, das gelieferte Ergebnis entspricht nicht den Erwartungen oder es kommt während der Leistungserbringung zu Missverständnissen, Reibung und Eskalation.

Als Arbeitnehmer bestand mein Tag hauptsächlich aus Eskalationsgesprächen mit den Kunden. Meine Aufgabe war es sie zu vertrösten, Kompromisse zu finden, Erwartungen herunterzuschrauben, Rechnungspositionen zu klären und Eskalationen einzudämmen.

All das schmälert am Ende des Tages den Ertrag eines Dienstleisters und ist auch der Grund, warum das Agentur-Business so hart ist. Auf diesem Weg wird Zeit investiert, die von den Umsätzen oft gar nicht vollständig gedeckt wird. So wird das

Dienstleistungs- und Projektgeschäft schnell zum Zuschussgeschäft und zu einer echten Gefahr für die wirtschaftliche Gesundheit eines Dienstleisters.

Abhilfe schaffen da sogenannte Productized Services. Also Dienstleistungen, die in fest abgesteckten Grenzen und Parameter ablaufen. Dem Kunden wie auch dem Dienstleister ist klar, was in der Leistung enthalten ist und was nicht. Es gibt wenig Spielraum für Extrawünsche. Außerdem wird die Dienstleistung im Voraus bezahlt. Allein das macht den wirtschaftlichen Betrieb eines Unternehmens wesentlich sicherer und berechenbarer.

Ein gutes Beispiel für einen solchen Service kann ein Dienst sein, der anhand eines Formulars ein Buchcover zum Festpreis erstellt. Die kreative Tiefe des Ergebnisses wird nicht mit einem individuell abgestimmten Design konkurrieren können. Das muss es aber auch gar nicht, wenn dafür der Preis wesentlich niedriger angesetzt ist.

Ein Productized Service ist viel definierter und der Kunde weiß genau, was er bekommt und was nicht. Das Endresultat ist für den Käufer von Anfang an klar und transparent. Es lässt keine oder nur wenig Diskussionen zu.

Möchte ein Dienstleister einen Productized Service aufbauen, braucht er zunächst Zielgruppenkenntnis. Außerdem ist eine spitze Marktpositionierung notwenig und die Kenntnis, wie die Probleme der Kunden sich auf schnellstem Weg lösen lassen. Wer das noch nicht so genau weiß, der sollte seine Kunden zunächst weiter im Detail studieren und die Dienstleistung mit den beschriebenen Nebeneffekten auf traditionelle Art und Weise erbringen.

Für einen solchen abgesteckten Productized Service ist Dokumentation das A und O. Jeder Schritt zur Erfüllung der Dienstleistung muss niedergeschrieben werden, sodass auch Außenstehende ohne größere Schwierigkeiten ein Ergebnis anhand von To-do-Listen produzieren können. Das führt dazu, dass Productized Services wunderbar ausgelagert werden können und so den Dienstleister entlasten.

Viele Online-Business Modelle greifen unsichtbar ineinander. Ein Freelancer oder auch Online-Coach, der seine Leistungen im direkten Austausch mit dem Kunden erbringt, beginnt irgendwann aus seiner Zielgruppenkenntnis heraus Informationsprodukte zu generieren, die weitestgehend automatisch ablaufen. Das ähnelt der Definition eines Productized Service.

Zusammenfassung

Ein Productized Service ist aufgrund der notwendigen Zielgruppenkenntnis und Lösungskompetenz nicht gut zum Einstieg geeignet. Vielmehr ist ein solcher Service der notwendige Schritt, um sich als Selbstständiger aus dem eigenen Hamsterrad zu verabschieden und nicht länger seine Zeit gegen Geld zu tauschen. Wer bereits als Dienstleister oder Freelancer für seine Kunden arbeitet, sollte es sich überlegen, einen spezialisierten Coach um Rat zu fragen.

Größeres finanzielles Investment ist nicht notwendig, da die Konzeption eines Productized Service eher im Kopf und der Dokumentation stattfindet statt auf dem Konto. Ein solcher Service hat immer das Ziel, die menschlichen Ressourcen in der Leistungserbringung zu schonen. Er soll die persönliche Freiheit steigern, auch wenn es vom traditionellen Projektgeschäft ein langer Weg bis dahin ist.

Modell Quick-Check "Productized Services"		
Einsteiger-Kategorie	Startkapital	Gering
C	Risiko	Gering
	Dauer Aufbau	Kurz - Mittel
	Freiheitsgrad	Mittel - Hoch
	Arbeit pro Woche	Gering
	Umsatzpotenzial 1. Jahr	Gering - Mittel

Zusammenfassung und Schluss

Das waren sie also, die Online-Business Modelle, mit denen du Geld im Internet verdienen kannst. Natürlich gibt es noch weitere digitale Strickmuster, diese haben aber dann viel Ähnlichkeit zu bereits genannten Modellen und haben es deshalb nicht ins E-Book geschafft. Dazu gehören:

- Community Memberships
- Influencing bzw. Instagram-Business
- Online Franchise
- Crowdfunding
- Ebay, Etzy und Co.
- Verkauf von Fotos

Jetzt kennst du die Auswahl, hast Übersicht und kannst die Modelle vergleichen. Etwas was es so sonst nirgendwo im Internet gibt. Einfach weil die meisten Protagonisten im Online-Business kein Interesse an Transparenz haben.

Vielleicht hat sich bei dir aber auch ein Gefühl eingestellt, das du gar nicht weißt wo du anfangen sollst. Was dabei hilft, ist sich auf sich selbst zu konzentrieren. So bleibt eine wichtige

Frage offen. Bevor wir aber auf die eingehen, fassen wir noch mal die Online-Business Modelle zusammen.

Wir haben festgestellt, dass es für Einsteiger nur wenige Modelle gibt, die sich gut eigenen, um einfach zu starten. Das ist überraschend, weil ja alle Modelle immer als einsteigerfreundlich dargestellt werden.

Im Quick-Check habe ich jeweils eine Einsteiger-Kategorie vergeben. Deswegen fasse ich jetzt alle Modelle nach dieser Kategorie zusammen.

Das sind einerseits die **A-Modelle**. Es sind keine Vorkenntnisse notwendig und eine professionelle Begleitung wird zu Beginn auch nicht benötigt. Die Lernkurve ist dementsprechend steil und es winken mit viel Beharrlichkeit und Durchhaltevermögen gute Erträge:

- Affiliate-Marketing
- Freelancing / Virtuelle Assistenz
- YouTube-Business
- SaaS, Apps und Games
- Workations & Retreats
- Streaming
- Clickworker

Auf der anderen Seite stehen die **B-Modelle**. Darunter verstehe ich alle Modelle, die zum Einstieg geeignet sind, die ich aber niemals ohne spezialisiertes Coaching empfehlen würde:

- Agentur-Business
- Selfpublishing
- Informationsprodukte
- Dropshipping
- T-Shirt-Business
- Airbnb-Business
- Online-Coaching

- Domain-Handel

Und dann gibt es noch die **C-Modelle**, die auf keinen Fall für ein Anfänger geeignet sind, ganz egal, ob ein Coach dabei ist oder nicht:

- Closing
- Productized Services
- Copywriting
- Network-Marketing / Multi-Level-Marketing
- Day-Trading
- Product Placements

Im direkten Vergleich der Modelle werden noch zwei weitere Dinge offensichtlich:

Einerseits wird in den meisten Fällen zumindest ein kleines Startkapital zwischen 500-1.000€ vorausgesetzt. Es geht sicherlich auch ohne, bedeutet aber dann einen wesentlich langfristigeren Aufbau. Fehlendes Kapital muss dann mit der eigenen Zeit kompensiert werden. Das notwendige Startkapital erhöht sich natürlich, wenn ein spezialisierter Coach hingezogen werden muss und auch bezahlte Werbung essentiell für den Modell Erfolg sind. Der Preis für solche Coachingprogramme kann zwischen 2.000 – 9.000€ liegen.

Andererseits sind bei allen Modellen nur sehr selten Erfolge über Nacht zu erwarten, denn es gibt zwei Phasen: Die Aufbauphase und die Wachstumsphase an deren Ende stetiger Umsatz steht. In der Aufbauphase werden die Grundlagen gelegt. In der Wachstumsphase entwickelt sich das Modell, verändert sich und wächst.

Ich würde immer von mindestens 12 Monaten für beide Phasen ausgehen. Eher mehr, um überhaupt mit signifikanten Erfolgen zu rechnen. Wer also bereits nach 4 Wochen auf sprudelnde Einnahmen hofft, wird enttäuscht. Im Online-Business wird ein langer Atem gebraucht. Eigentlich wie bei fast allem, was einen nachhaltigen Eindruck auf unser Leben machen kann.

Natürlich sind das alles nur pauschale Aussagen. Die müssen aber nicht notwendigerweise zu dir als Leser passen. Jeder Mensch wirft seine Persönlichkeit, Fähigkeiten, Talente, Wünsche und Träume in den Ring und hat deswegen auch eine ganz individuelle Ausgangsposition für sein eigenes Online-Business.

Und das bringt uns zur letzten Frage: Welches passt denn zu mir?

Selbst eine Antwort zu finden, würde dich jahrelanges, teures, frustrierendes herumprobieren kosten. So wie ich das gemacht habe. Rückblickend kann ich diese Vorgehensweise deswegen nicht wirklich empfehlen.

Mit ein wenig Hilfe wäre ich wesentlich schneller auf den richtigen Pfad gekommen. Genau diese Hilfe möchte ich dir nun im 2. Teil dieses E-Books zukommen lassen. Deswegen habe ich einen kleinen Online-Test gebaut, der max. 2 Minuten zum Ausfüllen benötigt. Er verfolgt das Ziel, deine Ausgangsposition zu bestimmen.

Der nächste Schritt ist dann ein persönliches Gespräch, in dem ich dir weitere Fragen stelle und dir zum Schluss sagen kann, welches Modell, welche Online-Business Idee für dich persönlich am besten passt.

Das kann ich, weil ich das schon mit über 200 Menschen gemacht habe und genau weiß, welche Fragen ich stellen muss. Du kannst dir diesen Prozess wie „Malen nach Zahlen“ vorstellen. Du bringst die Zahlen mit und wir verbinden sie gemeinsam zu einem Bild.

Das Gespräch ist vollkommen kostenlos und ich werde dir am Ende eine offene Einschätzung geben, ob und wie ich dich dabei unterstützen kann deinen Traum von einem eigenen Online-Business wahr zu machen.

Mach nun den nächsten Schritt und fülle den Online-Test aus:

>>> https://9to5-Aussteiger.de/test

Und damit bist du auch bereits am Ende des Express-Guides angekommen.

Mir hat es sehr viel Spaß gemacht dich durch die Welt der Online-Business Modelle zu führen und ein paar meiner Einsichten mit dir zu teilen. Wie du siehst, ist die Auswahl wirklich groß und ich musste mich immer wieder bremsen nicht zu viel zu schreiben.

Was hat dir besonders gut gefallen? Was hat dein Interesse geweckt? Weißt du jetzt, wie du weitermachen kannst?

Am Ende dieses E-Books, stehst du nun am Meer und blickst auf das Wasser heraus. Ich nutze dieses Bild immer, um eine Sache zu verdeutlichen:

Das Internet ist voller Möglichkeiten. Voller Methoden, Modelle, Techniken, Tools und Ideen. Wenn wir einfach ins Meer hineinspringen, kann es sehr lange dauern, bis wir an etwas vorbeigeschwommen kommen, was uns inspiriert und unser Leben bereichert. Manche finden es niemals.

Die andere Möglichkeit ist, dass wir uns einen Fixpunkt suchen. Bekanntlich kann keine mathematische Formel nur mit Variablen aufgelöst werden. Es braucht immer eine Konstante, einen Fixpunkt, um eine Antwort auf die Frage „Was passt zu mir?" zu finden.

Genauso verhält es sich auch im Online-Business. Bevor wir in das Meer von Modellen, Marketing-Strategien, Tools und Trends springen, sollten wir unsere Konstante bestimmen. Diese Konstante sind wir mit unseren Vorlieben, Stärken, Schwächen,

Talenten, Wünschen und Träumen. Mit allem, was uns als Menschen ausmacht.

Erst wenn wir das halbwegs klar vor Augen haben, sollten wir den Sprung ins kühle Nass wagen. Das gelingt mit professioneller Hilfe wesentlich einfacher und schneller als einsam im stillen Kämmerlein.

Deswegen ist mein Appell an dich jetzt deine Komfortzone zu verlassen und meinen Online-Test auszufüllen. Ich setze ihn schon seit einiger Zeit ein und über 100 Menschen haben ihn ausgefüllt und erfahren, welches Online-Business am besten zu ihnen und ihrem zukünftigen Leben passt.

Der nächste Schritt ist dann, dass ich mir für dich exklusiv eine Stunde Zeit nehme und wir deinen Ist-Zustand, deinen Soll-Zustand betrachten und wie du auf dem schnellsten Weg von Einsteiger zum Online-Business Profi kommst. Natürlich vollkommen kostenlos.

Versäume bitte nicht auch dir die Tabelle alle Online-Business Modelle nochmal anzuschauen und deine Schlüsse daraus abzuleiten:

>>> **https://9to5-aussteiger.de/modelle**

Über deine konstruktiven Verbesserungshinweise zum Buch würde ich mich sehr freuen und wenn du zufrieden warst, dann darfst du mir gerne auch 5 Sterne Bewertung auf Amazon hinterlassen. Ich würde mich sehr darüber freuen und es ermöglicht mir noch mehr Menschen zu erreichen.

Hier erreichst du mich: stefan (at) 9to5-aussteiger.de

Anmerkungen

Einführung

1. „Kontraintuitiv" bedeutet, dass eine Sache anders funktioniert, als man es auf den ersten Blick von ihr erwarten würde. Der gesunde Menschenverstand hilft leider nicht weiter.

Affiliate-Marketing (A)

1. Provision - Eine Provision ist eine Belohnung für die Empfehlung, die zum Verkauf geführt hat.
2. Affiliate-Link Umleitung - Der auf den Affiliate-Link Klickende wird zunächst auf die eigene Website geleitet und dann erst auf das Angebot. Das hat den Vorteil, dass die Affiliate-ID im Linktext nicht sofort sichtbar ist und der Affiliate-Link als solches schwerer zu erkennen ist.
3. Gewinnerzielungsabsicht - Die Gewinnerzielungsabsicht sagt, dass wir mit einer bestimmten Aktion einen Gewinn erzielen wollen. Spezielle bei Affiliate-Links scheiden sich aber noch die Geister (Gerichte), ob diese Gewinnerzielungsabsicht hier auch angewendet werden kann. Meiner Meinung nach, ja!
4. Reichweite - Reichweite wird es genannt, wenn man viele Menschen mit seiner Botschaft erreicht.
5. Nischensite - Website, die sich an eine sehr spezielle, kleine kaufbereite Zielgruppe richtet. Zum Beispiel alle Menschen, die gerne alle möglichen Gewürzmischungen im Schrank stehen haben oder auf der Suche nach einer elektrischen Pfeffermühle sind.
6. Passive Einnahmen - Passive Einnahmen sind Umsätze, die entstehen, ohne dass eine direkte Verbindung zwischen unserer Arbeit und dem erzielten Verkauf besteht. Natürlich ist keine „passive" Einnahme wirklich passiv. Schließlich haben wir dafür auch gearbeitet. Sie steht aber nicht im zeitlichen Zusammenhang mit unserer Arbeit und wirkt deswegen, als hätten wir dafür nicht unmittelbar etwas getan.

Streaming (A)

1. Overlays - Bildüberblendungen im Stream, ähnlich denen im Fernsehen nur meistens wesentlich nervender.
2. Personal Brand - Eine Eigenmarke, die auf ihrer Persönlichkeit beruht.

Die 9to5-Aussteiger ist auch ein Personal Brand, weil es auf mir als Person fußt.

3. Fanbase - Wiederkehrende Zuschauer im Live-Stream, auch Follower genannt
4. Ban - Der Streamer wird zeitweise oder permanent der Plattform verwiesen. Tritt ein, wenn gegen die Nutzungsbedingungen verstoßen wurde. Zum Beispiel bei der Darstellung anstößiger oder jugendgefährdender Inhalte.

Workaktions und Retreats (A)

1. Workation - Der Begriff Workation setzt sich aus Work und Vaccation zusammen. Also kurz Arbeitsurlaub.

YouTube® (A)

1. TKP - Tausenderkontaktpreis ist der Wert, den 1.000 Ansichten einer Werbung wert sind. Wenn also 1.000 Menschen Werbung X sehen, gibt es dafür Y€ aus dem YouTube Werbetopf, selbst wenn sie nicht darauf klicken.
2. Quelle YouTuber Mr.Beast - https://www.youtube.com/watch?v=AKJfakEsgy0

Airbnb® (B)

1. Gentrifizierung - Siehe dazu auch den Begriff der Gentrifizierung, https://de.wikipedia.org/wiki/Gentrifizierung

Agentur (B)

1. Positionierung - Positionierung bedeutet sich gegenüber seinen Kunden so darzustellen, dass sie verstehen, wofür wir stehen. Was uns vom Markt abhebt und wie wir konkret weiterhelfen können. Der Kunde kann uns einordnen in seinem Weltbild.
2. Demographie - Demographische Merkmale sind z.B. Alter, Geschlecht, Berufs- und Ausbildungsstand usw.
3. Nische - Eine sog. Nische ist eine sehr, sehr kleine Zielgruppe. Bei höherpreisigen Produkten kann selbst eine Zielgruppe von 10 Kunden lukrativ sein. Mit Nischen entkommen wir dem Wettbewerb und werden zum Marktgestaltenden.
4. PPC - PPC steht für „Paid per click“. Also Werbung für die pro Klick

bezahlt werden muss. PPC ist eine gute Art schnell Traffic auf die eigene Website zu bringen. Anbieter sind Google, Facebook aber auch native Netzwerke wie Taboola.

Domains (B)

1. Backlinks - Ein Backlink ist eine Verlinkung einer anderen Website auf unsere Domain. Google schätzt Rückverlinkungen als sehr wertvoll ein und stuft die Website in der Auffindbarkeit hoch.
2. Whois-Abfrage - Eingabe der Domain unter https://www.denic.de/webwhois/.
3. Denic - Die Denic ist eine eingetragene Genossenschaft, die die Top-Level-Domain .de verwaltet. Ähnliche Organisationen gibt es in jedem Land der Welt.

Informationsprodukte (B)

1. Fehlender didaktischer Hintergrund - Sie wurden also von Menschen entworfen, die nicht wissen, wie ihre Zielgruppe lernt und Informationen überhaupt adäquat verarbeiten kann.
2. Vermögenswerte - Eine Sache, die nach Erwerb oder Erstellung kontinuierlich Einnahmen generiert, die wiederverwendet werden können. Ähnlich der Miete einer Immobilie.
3. Asychronität - Informationsaustausch kann synchron oder asynchron funktionieren. Ein normales Gespräch am Telefon ist synchron. Die Parteien sind gleichzeitig anwesend und unterhalten sich. Für asynchronen Informationsaustausch müssen nicht immer alle Parteien gleichzeitig anwesend sein, um Informationen zu übertragen.
4. Zielgruppenkenntnis bedeutet eine sehr klare Antwort auf die Frage zu haben „Für wen mache ich das?“
5. Didaktische Aufarbeitung - Wie vermittele ich die Inhalte meines Kurses so, dass sie auch maximal verstanden werden und hängen bleiben?

Selfpublishing (B)

1. KDP - Kindle Direct Publishing heißt das Amazon E-Book Programm
2. Performance-Marketing - Performance-Marketing bedeutet, dass gute Inhalte gepusht werden und schlechte schnell im Keller verschwinden.
3. Amazon Page Rank - Jedes Produkt im Amazon Marketplace hat einen Page Rank, der kryptisch die Anzahl der Verkäufe wiedergibt. Niedrige Ranks verkaufen sehr gut, hohe Ranks fast gar nicht.

T-Shirts (B)

1. Print-on-demand - Pod bedeutet Druck auf Bestellung. Ein T-Shirt oder auch Buch wird erst dann angefertigt, wenn eine Bestellung vorliegt. Dadurch entfallen Lagerhaltungskosten und Ware bleibt nicht liegen, wenn sie nicht bestellt wird.
2. Briefings - Mit Briefings werden Aufträge und deren gewünschtes Ergebnis beschrieben und dem Auftragnehmer mitgeteilt.

Closing (C)

1. Leads - Ein sogenannter Lead ist ein Kaufinteressent, der bereits in irgendeiner Form qualifiziert wurde. Das heißt der Closer hat über ihn Informationen, die er im Verkaufsgespräch einsetzen kann.

Copywriting (C)

1. Copywriting - Wird auch als Werbetexten übersetzt.
2. Salesfunnel - Ein Salesfunnel bzw. Verkaufstrichter ist ein Werkzeug zur Filterung von Kaufinteressenten bis hin zum Verkauf.

Day-Trading (C)

1. Forex - Steht für Foreign Exchange kurz FX oder auch Forex

Product Placements (C)

1. Influencer - Influencern folgen viele Menschen, die sich in ihren Interessen überschneiden. Sie können durch ihre persönliche Meinung ihre Follower beeinflussen und werden deswegen auch schnell zu Markenbotschaftern.

Über den Autor

Hi,

mein Name ist Stefan und ich bin der 9to5-Aussteiger Coach. Ich helfe Menschen dabei, aus ihrer Lebensgeschichte ein digitales Geschäftsmodell zu machen. Eines, das ihnen den Lifestyle ermöglicht, den sie sich von ihrem zukünftigen Leben wünschen.

Wie ich dahin gekommen bin? Dafür hole ich etwas weiter aus, wenn du erlaubst.

Ich war ein miserabler Schüler (und Student). Man könnte sagen, ich war lange frei von jeglichen Ambitionen. Das änderte sich schlagartig, als ich meine spätere Frau kennenlernte und endlich verstand, dass Lernen außerhalb der Schule oder Uni ziemlich viel Spaß machen konnte.

Plötzlich waren da Ziele, Wünsche und Träume, das (neue) gemeinsame Leben zu gestalten und so entwickelte ich mich weiter und machte Karriere. Erst war ich Teamleiter, dann Abteilungsleiter, Supportleiter, Projektleiter und was sonst noch so im betrieblichen Kontext eine „Leiter" im Titel hat. Nur zum Geschäftsführer hat es bei mir nie gereicht, was auch ganz gut so ist.

Nach einigen Jahren der beruflichen Überholspur ging mir aber die Kraft aus. Ich eckte immer mehr an und war gestresst, frustriert, enttäuscht und traurig. Obwohl das gar nicht sein konnte, oder? Schließlich war ich auf dem Weg an die Spitze. Hätte ich die nächsten Jahre weiter nach den Regeln gespielt, hätte ich auch zum Geschäftsführer aufsteigen können. Wie konnte es mir da nicht gut gehen?

Dann kam erneut ein Wendepunkt in meinem Leben, den ich mit zwei Ereignissen beschreibe. Einerseits der Zeit am Strand im kurzen, aber langersehnten Holland-Urlaub. Es war bereits der letzte Tag und ich wollte einfach nicht nach Hause. Vielleicht kennst du das Gefühl. Statt aber sehnsüchtig auf das Meer zu blicken, rechnete ich die Tage Urlaub pro Jahr mal die Anzahl der Jahre bis zur Rente. Was man in einer Düne sitzend so tut…

Das Ergebnis: 2,4 Jahre bezahlter Urlaub. Das klang gar nicht so verkehrt. Auf der anderen Seite standen dafür aber 32,6 Jahre nonstop Arbeit. Und das ging gar nicht. Ich setzte mir also das Ziel, dieses Ungleichgewicht zu kippen und würde in den nächsten 5 Jahren 5 verschiedene Online-Business Modelle als zweites Standbein aufzubauen. Am Ende waren es sogar mehr.

Das andere Ereignis war eher trauriger Natur. Ein ehemaliger Kollege aus einem meiner Teams verstarb viel zu jung. Wir waren keine Freunde, keine guten Bekannten und bei der Arbeit lief auch nicht immer alles rund. Allerdings wusste ich von seinen privaten Ambitionen, von seinen Hobbys und Leidenschaften. Ich wusste, was er alles noch vorhatte. Nach seinem Tod wurde mir vor Augen geführt, dass ich nur eine Chance hatte mein Leben zu leben. Nur eine einzige Gelegenheit es nach den eigenen Vorstellungen zu gestalten. Ich fühlte mich verpflichtet es nicht zu verschwenden.

Es war ein langer Weg, doch diese und viele weitere Stationen machten mich zu dem, der ich heute bin. Heute fühle ich mich stark, optimistisch und selbstwirksam, wenn ich anderen Menschen helfen kann. Helfen kann mehr aus ihrer Lebenszeit zu machen und das nicht zu den Bedingungen einer Festanstellung, sondern zu ihren eigenen.

Dafür baue ich mit zukünftigen Online-Selbstständigen Einzelunternehmen auf, die nur einen einzigen Zweck haben: Sie helfen ihnen, genau den Lifestyle zu führen, den sie sich in Zukunft wünschen und so das Maximum aus ihrer Lebenszeit herauszuholen.

Wir nutzen dafür einerseits die Vorzüge digitaler Geschäftsmodelle und andererseits ihre persönlichen Stärken, Talente und Leidenschaften. Das Ergebnis ist eine unternehmerische Tätigkeit, die ihnen Energie gibt, statt diese bereits an der Stechuhr einzubüßen. Sodass sie ihr Leben voller Zuversicht planen und genießen können.

Ich bin glücklich, dass ich seit 2019 schon über 200 Menschen weiterhelfen durfte ihr perfektes Online-Business zu finden. Mein Wissen teile ich über Bücher, meinen Podcast, YouTube-Kanal sowie Gruppen- und Einzelcoachings.

Wenn du direkt mit mir in Kontakt kommen möchtest, dann lass uns doch mal unverbindlich die Köpfe zusammenstecken in einem meiner Brainstorming-Calls:

>>> https://9to5-aussteiger.de/termin

Viele Grüße und bleib gesund!
Dein Stefan
Tel.: 0221/5702984
E-Mail: stefan (at) 9to5-aussteiger.de
Website: https://9to5-aussteiger.de

Printed in Poland
by Amazon Fulfillment
Poland Sp. z o.o., Wrocław

79912581R00063